Noëls d'écrivains

Noëls d'écrivains

Textes littéraires, choisis et présentés
par Marie-Andrée Lamontagne

MÉDIASPAUL

Médiaspaul reconnaît l'aide financière du Gouvernement du Canada par l'entremise du Fonds du livre du Canada (FLC), du Conseil des Arts du Canada et de la Société de développement des entreprises culturelles du Québec (SODEC) pour ses activités d'édition.

Patrimoine
canadien

Canadian
Heritage

Société
de développement
des entreprises
culturelles

Québec

Catalogage avant publication de Bibliothèque et Archives nationales du Québec et Bibliothèque et Archives Canada

Vedette principale au titre :

Noëls d'écrivains

Comprend des réf. bibliogr.

ISBN 978-2-89420-826-7

1. Noël – Anthologies. 2. Noël – Contes. 3. Noël – Théâtre. 4. Noël – Poésie. I. Lamontagne, Marie-Andrée, 1958- .

PN6071.C6N64 2010   808.8'0334   C2010-941023-8

Composition et mise en pages : *Robert Charbonneau*
Maquette de la couverture : *Fabienne Prieur*
Photos de couverture : © *Bigstockphoto*

ISBN 978-2-89420-826-7

Dépôt légal — 3ᵉ trimestre 2010
Bibliothèque et Archives nationales du Québec
Bibliothèque et Archives Canada

© 2010   Médiaspaul
3965, boul. Henri-Bourassa Est
Montréal, QC, H1H 1L1 (Canada)
www.mediaspaul.qc.ca
mediaspaul@mediaspaul.qc.ca

Imprimé au Canada – Printed in Canada

Avant-propos

Sur cette planète dont pas un centimètre carré n'est, dit-on, maintenant exploré, cartographié, répertorié, connu et gâché, on trouverait sans doute, en cherchant bien, des groupements humains qui n'auraient jamais entendu parler de la fête de Noël et qui, intrigués, en observeraient les manifestations avec un regard neuf. Que verraient alors ces esprits intrépides que les hasards du commerce ou des échanges, voire la curiosité, auraient fait descendre de leurs montagnes ou sortir de leurs forêts ? Les foules moutonnières des grands magasins, des résilles de lumière tendues au-dessus des rues, des chapons bordés de persil dans les vitrines, des enfants qui sautillent sur une mer de papiers dorés en désordre, des crèches vivantes et recueillies, avec un vrai Jésus qui ne pleure pas, une Marie un peu lasse, un Joseph content d'être là, des querelles au pied du sapin, des rancœurs familiales qui ressurgissent, des pèlerins à Bethléem qui achèteront des souvenirs, la lueur tremblotante d'un écran de télé d'où tombe aussi pour l'indifférent une bénédiction *urbi et orbi*, des soldats qui réveillonnent et que félicitent pour leur courage des huiles venues en avion militaire, des coups de fil inespérés, des textos complices au milieu de la liesse, des bouchons de champagne, une soupe et un plat chaud sur un plateau en plastique, la neige bleue vers une heure du matin, le silence, une prière, une pensée, des chants, une larme, des embrassades, furtives, vraies, feintes ou ostentatoires, des fuites d'opérette sous les palmiers. Noël n'est pas une liste. C'est un état d'esprit, même en creux, même hors-champ. Fête chrétienne, fait de civilisation, Noël a fourni à la littérature un riche matériau. La présente anthologie est une déambulation parmi quelques monuments.

Comme la petite troupe menée par un certain Casse-Noisette, les extraits qu'on va lire, romans, nouvelles, contes, théâtre, poésie, empruntent à des langues et à des époques différentes, la nôtre y compris, et ont tout naturellement pris place en formation, lorsqu'a sonné l'heure du rassemblement. Du coup, ce livre se divise en quatre parties. La première est placée sous le signe de la tradition. Là, des souliers d'enfants sont posés devant la cheminée en attente d'étrennes, les diables sont tenta-teurs ou facétieux, les animaux parlent, et bien d'autres souvenirs encore sont évoqués. Le folklore n'est jamais loin, ou du moins ce que les *über*-modernes que nous sommes aimons à appeler folklore, en refusant de pen-ser qu'y entreront bientôt, à côté des fiacres et des poêles russes, plusieurs de nos objets, comme le téléphone à cadran ou la machine à écrire, et, partant, certaines de nos croyances les plus chères, comme la religion du progrès.

La deuxième partie, de loin la plus étendue, s'attache à la fortune de Noël dans la littérature de fiction. Je sais, je sais, les récits de Gogol ou de Dickens, qu'on avait rangés dans la première partie, sont aussi des œuvres de fiction. Mais enfin, le plaisir que procure leur lecture est souvent teinté de pittoresque ou embué de nostalgie, tandis que les romans d'Agatha Christie, de Bernanos, de Gracq ou de Saramago, les nouvelles de Maupassant, de Karen Blixen ou d'Henry James, et les textes de tant d'autres écrivains qui apparaissent ici en leur compagnie, font de Noël un ressort de l'action, décors, sentiments et intrigue mêlés. Cela suffit à les distinguer des précédents – et c'est beaucoup, tant la palette est large.

La troisième partie s'attache à l'attente, celle de Noël, d'une révélation ou de l'événement qui couve sous l'engourdissement de l'hiver. C'est que l'esprit de Noël est tapi là aussi.

La dernière partie dessine le Noël noir de ceux qui détestent Noël, sont insensibles à cette fête, en appréhendent les effets sur leur humeur, attendent qu'elle passe en serrant les dents ou qui en ont perverti le sens. Leur donner le mot de la fin (à supposer que le lecteur de ce livre suive un parcours linéaire, ce qui n'est pas du tout assuré ni obligatoire), n'est-ce pas aussi montrer du doigt la lumière ? Et puis, tout n'est pas noir, même de ce côté, puisque le dernier texte de cette section, qui est aussi celui qui clôt cette anthologie, fait l'éloge de la lecture. Comment pourrait-il souffrir de solitude celui qui choisit de s'enfermer avec un bon roman ? Michel Déon rappelle avec force cette vérité, tout en évoquant l'amitié qui unit le jeune homme qu'il fut et une Coco Chanel vieillissante. Moyennant quoi, la dernière note du présent ouvrage fait entendre le chant du lecteur heureux. Cette note, on l'avait entendue, déjà, dès les premières pages, avec Selma Lagerlöf, quand, à Noël, au milieu des papiers, des rubans et des paquets défaits, une fillette croit, pendant un moment affreux, qu'elle ne recevra aucun livre en cadeau. Le bonheur de la lecture n'est pas une figure de style. Il s'éprouve dans la chair, le cœur et l'esprit.

Quarante-deux extraits en tout, c'est peu, au regard de la littérature. Tout au plus quarante-deux fenêtres. Elles seraient entrebâillées. Il n'y aurait qu'à jeter un coup d'œil à l'intérieur pour trouver les siens, vouloir s'attarder, s'étonner des absents ou passer son chemin. Jeter un coup d'œil seulement? Scénario improbable. Il reviendrait à mésestimer le regard du lecteur, puisque, s'agissant de mots écrits et de littérature, le lecteur qui acceptera de se perdre dans ce livre ne peut pas être désinvolte, s'agissant, oui, de phrases, venues de la vie et qui y retournent.

Marie-Andrée Lamontagne

I

NOËL DE LA TRADITION

1

Le livre de Noël
(1945)

Selma Lagerlöf

De Selma Lagerlöf, Prix Nobel de littérature en 1909, le lecteur connaît surtout l'inoubliable *Voyage de Nils Holgerssons à travers la Suède*, sans contredit le meilleur moyen d'apprendre la géographie à un mauvais garnement appelé Nils et de charmer des générations d'enfants dans le monde. Pour bon nombre d'adultes, ce roman, trop hâtivement rabattu sur la seule province de la littérature enfantine, est du reste considéré comme l'un des chefs-d'œuvre de la littérature – toutes catégories confondues. Le rêve, le merveilleux, les fées et les gnomes, Selma Lagerlöf ne s'en est jamais vraiment tenue éloignée, pas plus que de la province du Värmland, qui lui a permis d'accéder à cet univers. *Le livre de Noël* est un ensemble de textes brefs et touchants où la romancière remue les souvenirs d'une enfance protégée sur la propriété familiale. Mais il est des souvenirs d'enfance qui, aussi gracieux que le vol des cygnes au-dessus de la Suède, peuvent mêler joie et anxiété. De nos jours, alors que tant d'autres cadeaux plus bruyants s'entassent au pied du sapin, seul un enfant qui a connu le bonheur singulier que procure la lecture comprendra la détresse, la déception, l'émoi d'une fillette qui a demandé de recevoir un livre à Noël et ne le voit apparaître nulle part.

Le livre de Noël

*N*OUS SOMMES ASSIS autour de la grande table à ral-longes, un soir de réveillon à Mårbacka. Papa à l'une des extrémités, maman à l'autre.

Oncle Wachenfeldt est là aussi – à la place d'honneur à côté de papa – et tante Lovisa, et Daniel, Anna, Gerda et moi. Comme toujours, Gerda et moi sommes assises de part et d'autre de maman, parce que nous sommes les plus jeunes. L'image reste très claire dans mon esprit.

Nous avons déjà mangé la morue «à la lessive», le riz au lait et les millefeuilles. Assiettes, cuillers, couteaux et fourchettes ont été débarrassés, mais la nappe est restée. Les deux bougies à plusieurs branches fabriquées maison brûlent dans leurs candélabres au milieu de la table, entourées de la salière, du sucrier, de l'huilier et d'un gros cruchon en argent, remplis à ras bord de bière de Noël.

Le repas étant terminé, nous devrions quitter la table, mais ce n'est pas le cas. Nous restons assis dans l'attente de la distribution des cadeaux de Noël.

Nulle part ailleurs dans la région qu'à Mårbacka on distribue ainsi les cadeaux de Noël après avoir mangé le riz au lait traditionnel. Mais à Mårbacka subsistent d'anciennes coutumes et qui nous conviennent. Rien ne peut égaler cette attente qui, des heures durant, tout au long de la veille de Noël, se prolonge parce que l'on sait que le meilleur reste à venir. Le temps s'écoule lentement, très lentement, mais nous sommes convaincus que les autres enfants, qui ont reçu leurs cadeaux vers sept ou huit heures, n'ont pas éprouvé cette jouissance qui est la nôtre en ce moment, en cet instant tant attendu et qui enfin arrive.

Les yeux brillent, les joues s'enflamment, les mains tremblent lorsque la porte s'ouvre pour laisser entrer les deux domestiques déguisés en boucs de Noël et qui traînent deux grosses hottes pleines de paquets jusqu'à la place de maman.

Puis maman en extrait un paquet après l'autre, sans se presser outre mesure. Elle lit le nom du destinataire, parcourt avec difficulté les vers rimés gribouillés qui accompagnent les cadeaux, puis enfin les tend.

Pratiquement muets durant les premiers instants, tandis que nous brisons les sceaux et déplions les papiers, nous poussons bientôt, l'un après l'autre, un cri de joie. Puis nous parlons, rions, examinons l'écriture sur nos paquets, comparons nos cadeaux et laissons la joie nous envahir.

Le réveillon auquel je pense en ce moment, je venais d'avoir dix ans et je suis assise à la table de Noël aussi impatiente et tendue qu'on peut l'être. Je sais si bien ce que j'aimerais recevoir. [...]

Car il me faut expliquer comment les choses se passent à Mårbacka le soir du réveillon. On a le droit de tirer une petite table au chevet de son lit et d'y poser une bougie, et puis l'on a le droit de lire aussi longtemps qu'on le désire. Et cela constitue le plus grand des plaisirs de Noël. Rien ne peut surpasser le bonheur de se trouver là, avec dans les mains un livre plaisant reçu en cadeau de Noël, un livre que l'on n'avait jamais vu auparavant et que personne d'autre dans cette maison ne connaît non plus, et de savoir que l'on pourra en lire les pages l'une après l'autre, pour autant que l'on sache rester éveillé.

Mais que faire durant la nuit de Noël si l'on n'a pas reçu de livre ? [...]

La distribution tire à sa fin et, avec tous ces cadeaux reçus, je ne peux guère m'attendre à plus. [...]

Quand maman sort le dernier paquet de la hotte à cadeaux, je comprends à sa forme qu'il s'agit d'un livre. Il ne sera bien évidemment pas pour moi. On a sans doute décidé d'avance que je n'aurais pas de livre.

Le paquet m'est adressé, pourtant, et, dès que je le tiens entre mes mains, je sens qu'il s'agit bien d'un livre. Je rougis à l'instant et, dans ma précipitation pour emprunter des ciseaux, je pousse presque des cris. Je coupe la ficelle, j'arrache le papier à toute vitesse, et voilà devant mes yeux le plus joli des livres, un livre de contes de fées. Ce que je comprends en regardant l'image de la couverture.

Je sens que tous autour de la table me regardent. Ils savent bien sûr que ceci est mon meilleur cadeau, le seul qui me fasse véritablement plaisir.

– Quel livre as-tu reçu ? demande Daniel en se penchant vers moi.

J'ouvre la couverture et reste bouche bée à regarder la page de titre. Je ne comprends pas un mot.

– Fais voir ! dit-il, puis il lit : *Nouveaux contes de fées pour les petits-enfants, par Mme la comtesse de Ségur.*

Il referme le livre et me le rend.

– C'est un livre de contes en français, me dit-il. Tu vas avoir de quoi t'amuser. [...]

Recevoir un livre en français est presque pire que de ne pas recevoir de livres du tout. J'ai du mal à retenir mes larmes mais, heureusement, j'aperçois une des planches illustrées. [...]

À mesure que je feuillette, je découvre alors un véritable trésor de planches illustrées sur lesquelles figurent de fières comtesses, des rois magnifiques, de nobles chevaliers, des fées étincelantes, d'abominables sorcières, de merveilleux châteaux enchantés. Non, on ne pleure pas sur un tel livre, fût-il en français.

Et, durant toute la nuit de Noël, je reste allongée à contempler les images, et surtout la première, celle aux autruches qui, à elle seule, suffit à distraire pendant des heures.

Le jour de Noël, dès après la messe du matin, je sors un petit dictionnaire français et me lance dans la lecture du livre. [...]

Et, quand vient la fin des congés de Noël, le joli petit livre m'a enseigné plus de français que ce que j'aurais assimilé en plusieurs années avec la méthode Aline Laurell et Grönlund.

Selma Lagerlöf, *Le livre de Noël*, traduit du suédois par Marc de Gouvenain et Lena Grumbach, Arles, Actes Sud, « Babel », 1994 [1945 pour la publication originale posthume en suédois], p. 7-13.

2

Noël ancien

(1950)

Colette

Disons-le sans détour : Colette est un maître de style. Celle qui pouvait frayer avec une égale aisance dans les ruisseaux clairs d'une enfance à la campagne et dans les milieux faisandés du music-hall, des demi-mondaines et du journalisme de la capitale, n'apparaît jamais en contradiction avec sa vraie nature. C'est qu'il s'agit chaque fois d'écrire le bonheur d'être vivant. Dans plusieurs de ses livres, Colette a évoqué la dette contractée à l'endroit de Sido, sa mère, dont elle a fait, littérature aidant, une déesse nourricière. À vrai dire, cette Cérès-là était sans religion. À la fin du XIXᵉ siècle, dans un petit village de Bourgogne, afficher son athéisme, de surcroît si on est mère, ne devait pas passer inaperçu, même dans une France coupée en deux, opposant volontiers, le dimanche venu, ceux qui vont à la messe et ceux qui vont au café. Sido, qui n'était pas femme à se laisser intimider par les conventions, n'a eu cure de telles distinctions. Elle a mis sa fille à l'école communale et elle-même vivait en bonne intelligence avec le curé, sans pour autant fréquenter son église. Pourtant, ce n'est pas céder au conformisme que de se laisser attendrir jusqu'à vouloir fêter Noël, comme tout le monde, parce qu'une enfant de dix ans, gagnée par la ferveur de ses camarades, ne demande qu'à croire à l'évidence : c'est l'Enfant-Jésus qui dépose les étrennes dans les souliers des enfants, près de la cheminée, lui et nul autre.

Noël ancien

*D*ANS MON PAYS NATAL, Noël ne comptait pas quand
j'étais enfant. Mon petit pays libre-penseur sup-
primait, dans la mesure de son possible, une fête dix-
neuf fois centenaire, qui est celle de tous les enfants.
Ma mère, ma très chère «Sido» athée, n'allait pas
à la messe de minuit, rendez-vous, comme celle du
dimanche, des familles bien pensantes et de quelques
châtelains qui s'y rendaient en landaus fermés. Elle
craignait pour moi la froide église au clocher foudroyé,
ses courants d'air, ses dalles fendues; ne craignait-elle
pas d'autres charmes, les pièges catholiques de l'encens,
des fleurs, l'engourdissement des cantiques, le vertige
doux des répons?... Ce n'est pas avec moi qu'elle s'en
fût expliquée, quand j'avais dix ans. Mais j'ai conté
ailleurs que le vieux curé, en la préférant à ses ouailles
pieuses, ne put jamais la réduire. Entre elle et lui point
de casuistique, il n'était question que de moi, de mon
instruction religieuse, du catéchisme, de ma première
communion. Et Sido, les sourcils froncés, mordait
l'ongle de son index. [...]

Décembre me trouva moins brusque, et comme sentimentale. Je relisais les contes d'Andersen, à cause de
la neige, et de Noël. Je demandais à ma mère des histoires de Noël... Ses pénétrants yeux gris s'attachaient
aux miens, elle me tâta le front et le pouls, me fit tirer la
langue et boire du vin chaud sucré, dans ma toute petite
timbale d'argent bosselée.

En Basse-Bourgogne, le gobelet de vin chaud est panacée. Même mouillé d'une goutte d'eau, il me déliait la langue, devant le feu de souche de pommiers. Mes sabots emplis de cendres chaudes séchaient lentement, fumaient, et je remuais les doigts de mes pieds, en parlant, dans les chaussons de laine.

— Maman, Gabrielle Vallée m'a dit que dans ces souyers, l'an dernier, à Noël... Maman, la Julotte des Gendron é m'a dit qu'à Noël, elle a vu une comète dans la cheminée... Maman, y a Fifine, mais vrai, tu sais — croix de bois, croix de fer, si je mens, je vais en enfer —, elle a vu descendre comme une lune dans ses sabots, à Noël, et une couronne toute en fleurs, et le lendemain...

— Bois tranquillement, disait ma mère.

Elle me disait «bois» comme elle m'eût dit: «Enivre-toi et parle.» Elle m'écoutait sans sourire, avec cette sorte de considération que souvent je l'ai vue témoigner aux enfants. Mise en confiance, le feu du vin de Treigny aux joues, je racontais, j'inventais:

— D'ailleurs, Monsieur Milo l'a bien dit, que c'est toujours dans la nuit de Noël que... Et le frère à Mathilde, donc! La nuit de Nouël d'y a deux ans, il s'en va voir à ses vaches, et au-dessus de la cabane à z'outils il voit dans le ciel une grande étouelle qui lui dit...

Ma très chère «Sido» me posa sa main rapide sur le bras, me regarda de si près que j'en eus la parole coupée.

— Tu y crois? Minet-Chéri, est-ce que tu y crois? Si tu y crois...

Je perdis contenance. Une fleur de givre, que j'étais seule à voir, qui tintait suspendue dans l'air et s'appelait «Noël», s'éloigna de moi.

— Mais je ne te gronde pas, dit ma mère. Tu n'as rien fait de mal. Donne-moi cette timbale. Elle est vide.

C'est peu de jours, peu de nuits après que je fus éveillée avant le jour, par une présence plutôt que par un bruit. Habituée à coucher dans une chambre très froide, j'ouvris les yeux sans bouger, pour ne pas déplacer le drap que je tirais jusqu'à mon nez, ni l'édredon de duvet qui gardait chauds mes pieds sur le cruchon d'eau bouillante. L'aube d'hiver, et ma veilleuse rose en forme de tour crénelée, divisaient ma chambre en deux moitiés, l'une gaie, l'autre triste. Vêtue de sa grosse robe de chambre en pilou violet, doublée de pilou gris, ma mère était debout devant la cheminée et regardait mon lit. Elle chuchota très bas : « Tu dors ? » et je faillis lui répondre en toute sincérité : « Oui, maman. »

Elle tenait d'une main mes sabots qu'elle posa sans bruit devant l'âtre vide, et sur lesquels elle équilibra un paquet carré, puis un sac oblong. Elle empanacha le tout d'un bouquet d'ellébores, celles qui fleurissaient tous les hivers sous la neige dans le jardin, et qu'on nomme Roses de Noël. Je crus alors qu'elle allait sortir, mais elle se dirigea vers la fenêtre, souleva distraitement le rideau...

Elle avait sous les yeux, peut-être sans les voir, le jardin d'en face, noir sous une neige mince et trouée, la rue déclive, la maison de Tatave le fou, les thuyas toujours verts de Madame Saint-Aubin, et le ciel d'hiver qui tardait à s'ouvrir. Elle mordait son ongle avec perplexité.

Tout à coup elle se retourna, glissa sur ses « feutres » vers la cheminée, enleva les deux paquets par leurs ficelles croisées et planta les ellébores entre deux boutonnières de son corsage. Elle pinça de son autre main les « bricoles » de mes sabots, pencha la tête un moment dans ma direction comme un oiseau et partit.

Le matin du premier janvier, je retrouvai, à côté de l'épais chocolat fumant, les paquets ficelés d'or, livres et bonbons. Mais je n'eus plus, de toute ma jeunesse, de cadeaux de Noël – d'autres cadeaux de Noël que ceux que Sido m'avait apportés cette nuit-là : ses scrupules, l'hésitation de son cœur vif et pur, le doute d'elle-même, le furtif hommage que son amour concéda à l'exaltation d'une enfant de dix ans.

Colette, « Noël ancien », dans *En pays connu*, Paris, Ferenczi, 1950, p. 72-77.

3

Les trois messes basses
(1869)

Alphonse Daudet

À l'heure des consoles de jeux et autres quincailleries clignotantes, les enfants peuvent-ils encore goûter ce charmant recueil de contes appelé *Lettres de mon moulin* et qui fit d'Alphonse Daudet, au fil des ans, un classique de la littérature enfantine ? Oui, bien sûr. Du reste, l'enfant qui n'aurait aucune idée du sort réservé à la chèvre de M. Seguin, dans le conte du même nom, serait privé d'un savoir essentiel : celui de connaître très tôt le prix de la liberté. « Les trois messes basses » est une autre réussite du recueil. Nous sommes en Provence, sous l'Ancien Régime. La veille de Noël, les cuisines du château de Trinquelage bruissent et brillent d'une activité exceptionnelle en prévision des réjouissances qui marqueront la naissance de l'Enfant-Dieu. Mais avant de savourer le réveillon, il convient de sacrifier au rite des trois messes basses auxquelles il est alors d'usage, pour tout bon chrétien, d'assister en cette nuit de Noël. Trois messes, c'est un peu long quand on s'appelle Dom Balaguère et qu'on est chapelain du château, homme de Dieu, certes, mais gourmand, très gourmand. Qu'arrivera-t-il alors ? Plus délicieux encore que les dindes truffées que l'officiant voit défiler dans un demi-rêve tout en psalmodiant ses messes, le conte d'Alphonse Daudet n'est qu'humanité et indulgence. N'est-ce pas d'ailleurs les sentiments qui conviennent, en cette période de l'année ?

Les trois messes basses

DRELINDIN DIN!... Drelindin din!...

C'est la messe de minuit qui commence. Dans la chapelle du château, une cathédrale en miniature, aux arceaux entrecroisés, aux boiseries de chêne, montant jusqu'à la hauteur des murs, les tapisseries ont été tendues, tous les cierges allumés. Et que de monde! Et que de toilettes! Voici d'abord, assis dans les stalles sculptées qui entourent le chœur, le sire de Trinquelage, en habit de taffetas saumon, et près de lui tous les nobles seigneurs invités. En face, sur des prie-Dieu garnis de velours, ont pris place la vieille marquise douairière dans sa robe de brocart couleur de feu et la jeune dame de Trinquelage, coiffée d'une haute tour de dentelle gaufrée à la dernière mode de la cour de France. Plus bas on voit, vêtus de noir avec de vastes perruques en pointe et des visages rasés, le bailli Thomas Arnoton et le tabellion maître Ambroy, deux notes graves parmi les soies voyantes et les damas brochés. Puis viennent les gras majordomes, les pages, les piqueurs, les intendants, dame Barbe, toutes ses clés pendues sur le côté à un clavier d'argent fin. Au fond, sur les bancs, c'est le bas office, les servantes, les métayers avec leurs familles; et enfin, là-bas, tout contre la porte qu'ils entrouvrent et referment discrètement, messieurs les marmitons qui viennent entre deux sauces prendre un petit air de messe et apporter une odeur de réveillon dans l'église toute en fête et tiède de tant de cierges allumés.

Est-ce la vue de ces petites barrettes blanches qui donne des distractions à l'officiant ? Ne serait-ce pas plutôt la sonnette de Garrigou, cette enragée petite sonnette qui s'agite au pied de l'autel avec une précipitation infernale et semble dire tout le temps :

– Dépêchons-nous, dépêchons-nous... Plus tôt nous aurons fini, plus tôt nous serons à table.

Le fait est que chaque fois qu'elle tinte, cette sonnette du diable, le chapelain oublie sa messe et ne pense plus qu'au réveillon. Il se figure les cuisiniers en rumeur, les fourneaux où brûle un feu de forge, la buée qui monte des couvercles entrouverts, et dans cette buée deux dindes magnifiques, bourrées, tendues, marbrées de truffes...

Ou bien encore il voit passer des files de pages portant des plats enveloppés de vapeurs tentantes, et avec eux il entre dans la grande salle déjà prête pour le festin. Ô délices ! voilà l'immense table toute chargée et flamboyante, les paons habillés de leurs plumes, les faisans écartant leurs ailes mordorées, les flacons couleur de rubis, les pyramides de fruits éclatants parmi les branches vertes, et ces merveilleux poissons dont parlait Garrigou (ah ! bien oui, Garrigou !) étalés sur un lit de fenouil, l'écaille nacrée comme s'ils sortaient de l'eau, avec un bouquet d'herbes odorantes dans leurs narines de monstres. Si vive est la vision de ces merveilles, qu'il semble à dom Balaguère que tous ces plats mirifiques sont servis devant lui sur les broderies de la nappe d'autel, et deux ou trois fois, au lieu de *Dominus vobiscum !* il se surprend à dire le *Benedicite*. À part ces légères méprises, le digne homme débite son office très consciencieusement, sans passer une ligne, sans omettre une génuflexion ; et tout marche assez bien jusqu'à la fin de la première messe ; car vous savez que le jour de Noël le même officiant doit célébrer trois messes consécutives.

– Et d'une ! se dit le chapelain avec un soupir de soulagement ; puis, sans perdre une minute, il fait signe à son clerc ou celui qu'il croit être son clerc, et...

Drelindin din !... Drelindin din !

C'est la seconde messe qui commence, et avec elle commence aussi le péché de dom Balaguère.

– Vite, vite, dépêchons-nous, lui crie de sa petite voix aigrelette la sonnette de Garrigou, et cette fois le malheureux officiant, tout abandonné au démon de gourmandise, se rue sur le missel et dévore les pages avec l'avidité de son appétit en surexcitation. Frénétiquement il se baisse, se relève, esquisse les signes de croix, les génuflexions, raccourcit tous ses gestes pour avoir plus tôt fini. À peine s'il étend ses bras à l'Évangile, s'il frappe sa poitrine au *Confiteor*. Entre le clerc et lui c'est à qui bredouillera le plus vite. Versets et réponses se précipitent, se bousculent. Les mots à moitié prononcés, sans ouvrir la bouche, ce qui prendrait trop de temps, s'achèvent en murmures incompréhensibles.

Oremus ps... ps... ps...

Mea culpa... pa... pa...

Pareils à des vendangeurs pressés foulant le raisin de la cuve, tous deux barbotent dans le latin de la messe, en envoyant des éclaboussures de tous les côtés.

Dom... Scum !... dit Balaguère.

... Stutuo !... répond Garrigou ; et tout le temps la damnée petite sonnette est là qui tinte à leurs oreilles, comme ces grelots qu'on met aux chevaux de poste pour les faire galoper à la grande vitesse. Pensez que de ce train-là une messe basse est vite expédiée.

– Et de deux! dit le chapelain tout essoufflé; puis sans prendre le temps de respirer, rouge, suant, il dégringole les marches de l'autel et...

Drelindin din!... Drelindin din!...

C'est la troisième messe qui commence. Il n'y a plus que quelques pas à faire pour arriver à la salle à manger; mais, hélas! à mesure que le réveillon approche, l'infortuné Balaguère se sent pris d'une folie d'impatience et de gourmandise. Sa vision s'accentue, les carpes dorées, les dindes rôties, sont là, là... Il les touche;... il les... Oh! Dieu!... Les plats fument, les vins embaument; et secouant son grelot enragé, la petite sonnette lui crie:

– Vite, vite, encore plus vite!...

Mais comment pourrait-il aller plus vite? Ses lèvres remuent à peine. Il ne prononce plus les mots... À moins de tricher tout à fait le bon Dieu et de lui escamoter sa messe... Et c'est ce qu'il fait, le malheureux!... De tentation en tentation, il commence par sauter un verset, puis deux. Puis l'épître est trop longue, il ne la finit pas, effleure l'Évangile, passe devant le *Credo* sans entrer, saute le *Pater*, salue de loin la préface, et par bonds et par élans se précipite ainsi dans la damnation éternelle, toujours suivi de l'infâme Garrigou *(vade retro, Satanas!)* qui le seconde avec une merveilleuse entente, lui relève sa chasuble, tourne les feuillets deux par deux, bouscule les pupitres, renverse les burettes, et sans cesse secoue la petite sonnette de plus en plus fort, de plus en plus vite.

Il faut voir la figure effarée que font tous les assistants! Obligés de suivre à la mimique du prêtre cette messe dont ils n'entendent pas un mot, les uns se lèvent quand les autres s'agenouillent, s'asseyent quand les autres sont debout; et toutes les phases de ce singulier office se confondent sur les bancs dans une foule d'attitudes diverses. L'étoile de Noël en route dans les chemins du ciel, là-bas, vers la petite étable, pâlit d'épouvante en voyant cette confusion...

– L'abbé va trop vite... On ne peut pas suivre, murmure la vieille douairière en agitant sa coiffe avec égarement.

Maître Arnoton, ses grandes lunettes d'acier sur le nez, cherche dans son paroissien où diantre on peut bien en être. Mais au fond, tous ces braves gens, qui eux aussi pensent à réveillonner, ne sont pas fâchés que la messe aille ce train de poste; et quand dom Balaguère, la figure rayonnante, se tourne vers l'assistance en criant de toutes ses forces : *Ite, missa est*, il n'y a qu'une voix dans la chapelle pour lui répondre un *Deo gratias* si joyeux, si entraînant, qu'on se croirait déjà à table au premier toast du réveillon. [...]

Alphonse Daudet, «Les trois messes basses», dans *Lettres de mon moulin*, Paris, Gallimard, «Folio classique», 1984 [1869], p. 156-160.

4

Un chant de Noël
(1843)

Charles Dickens

C'est une histoire de rédemption comme Hollywood les aime, même si nous sommes à cent lieues d'Hollywood. Avec les années, et plusieurs adaptations aidant, notamment au cinéma, Eléazar Scrooge apparaît comme la figure même du vieillard grippe-sou et grincheux, qui grogne quand tout le monde s'amuse, ne sait pas profiter des joies simples et ignore la bonté – le mot et la chose. S'agissant du modèle, on peut supposer que Charles Dickens n'a eu que l'embarras du choix. Dans le Londres victorien, les boutiquiers âpres au gain, impitoyables envers leurs employés comme envers eux-mêmes, insensibles à la misère des classes inférieures, ne manquaient pas. Heureusement pour lui, Scrooge sera bientôt touché par l'esprit de Noël. Non sans devoir s'y reprendre à plusieurs reprises, ménageant une prise de conscience aussi graduelle que radicale dans ses effets, trois esprits viendront hanter le bonhomme Scrooge pour lui faire voir, à l'inverse, l'homme bon qu'il pourrait être s'il s'en donnait la peine, et d'abord en ouvrant les yeux sur le monde tel qu'il est, en cette nuit de Noël. C'est ainsi que Scrooge, rendu invisible, assiste au réveillon en famille de son employé, Robert Cratchit.

Un chant de Noël

OH! QUEL MERVEILLEUX PUDDING! Bob Cratchit déclara, et cela d'un ton calme et sérieux, qu'il le considérait comme le chef-d'œuvre de Mrs. Cratchit depuis leur mariage. Mrs. Cratchit répondit qu'à présent qu'elle n'avait plus ce poids sur le cœur, elle avouerait qu'elle avait eu quelques doutes sur la quantité de farine. Chacun eut quelque chose à dire, mais personne ne s'avisa de dire, s'il le pensa, que c'était un bien petit pudding pour une si nombreuse famille. Franchement, c'eût été bien vilain de le penser ou de le dire. Il n'y a pas de Cratchit qui n'en eût rougi de honte.

Enfin, le dîner achevé, on enleva la nappe, un coup de balai fut donné au foyer et le feu ravivé. Le grog confectionné par Bob ayant été goûté et trouvé parfait, on mit des pommes et des oranges sur la table et une grosse poignée de marrons sous les cendres. Alors toute la famille se rangea autour du foyer en cercle, comme disait Bob Cratchit, il voulait dire en demi-cercle : on mit près de Bob toute la verrerie de la famille, à savoir : deux verres et un petit pot à servir la crème dont l'anse était cassée. Ils n'en contenaient pas moins la liqueur bouillante tout aussi bien que des gobelets d'or auraient pu le faire, et Bob la servit avec des yeux rayonnants de joie, tandis que les marrons se fendaient avec fracas et pétillaient sous la cendre. Alors Bob proposa ce toast :

«Un joyeux Noël pour nous tous, mes amis! Que Dieu nous bénisse!»

La famille entière fit écho.

«Que Dieu bénisse chacun de nous!» dit Tiny Tim, le dernier de tous.

Il était assis très près de son père sur son tabouret. Bob tenait sa petite main flétrie dans la sienne, comme s'il eût voulu lui donner une marque plus particulière de sa tendresse et le garder à ses côtés de peur qu'on ne vînt le lui enlever.

«Esprit, dit Scrooge avec un intérêt qu'il n'avait jamais éprouvé auparavant, dites-moi si Tiny Tim vivra.

– Je vois une place vacante au coin du pauvre feu, répondit le Spectre, et une béquille sans propriétaire qu'on garde soigneusement. Si mon successeur ne change rien à ces images, l'enfant mourra.

– Non, non, dit Scrooge. Oh non, bon Esprit! Faites qu'il soit épargné.

– Si mon successeur ne change rien à ces images, qui sont l'avenir, reprit le Fantôme, aucun autre de ma race ne le trouvera ici. Eh bien! après! s'il meurt, il diminuera le surplus de population.»

Scrooge baissa la tête lorsqu'il entendit l'Esprit répéter ses propres paroles, et il se sentit pénétré de douleur et de repentir.

– Homme, fit le Spectre, si vous avez un cœur d'homme et non de pierre, cessez d'employer ce jargon odieux jusqu'à ce que vous ayez appris ce que c'est que ce surplus et où il se trouve. Voulez-vous donc décider quels hommes doivent vivre, quels hommes doivent mourir? Il se peut qu'aux yeux de Dieu vous soyez moins digne de vivre que des millions de créatures semblables à l'enfant de ce pauvre homme. Grand Dieu! entendre l'insecte sur la feuille déclarer qu'il y a trop d'insectes vivants parmi ses frères affamés dans la poussière!»

Scrooge s'humilia devant la réprimande de l'Esprit, et, tout tremblant, abaissa ses regards vers le sol. Mais il les releva bientôt en entendant prononcer son nom.

« À M. Scrooge ! disait Bob ; je veux que l'on boive à la santé de M. Scrooge, le patron de notre petit festin.

– Un beau patron, ma foi ! s'écria Mrs. Cratchit, rouge d'émotion ; je voudrais le tenir ici, je lui servirais un festin de ma composition, et il faudrait qu'il eût bon appétit pour s'en régaler !

– Ma chère, reprit Bob... ; les enfants !... le jour de Noël !

– Il faut, en effet, que ce soit le jour de Noël, continua-t-elle, pour qu'on boive à la santé d'un homme aussi odieux, aussi avare, aussi dur est aussi insensible que M. Scrooge. Vous savez que j'ai raison, Robert ! Personne ne le sait mieux que vous, pauvre ami !

– Ma chère, répondit Bob doucement... le jour de Noël !

– Je boirai à sa santé pour l'amour de vous et en l'honneur de ce jour, dit Mrs. Cratchit, mais non pour lui. Je lui souhaite donc une longue vie, joyeux Noël et heureuse année ! Voilà-t-il pas de quoi le rendre bienheureux et bien joyeux ! J'en doute. »

Les enfants burent à la santé de M. Scrooge après leur mère ; c'était la première chose qu'ils ne fissent pas ce jour-là de bon cœur ; Tiny Tim but le dernier, mais il aurait bien donné son toast pour deux sous. Scrooge était l'ogre de la famille. Son seul nom jeta sur cette petite fête un sombre nuage qui ne se dissipa complètement qu'après cinq grandes minutes.

Ce temps écoulé, ils furent dix fois plus gais qu'avant, dès qu'on en eut entièrement fini avec cet épouvantail de

Scrooge. Bob Cratchit leur apprit qu'il avait en vue pour maître Pierre une place qui lui rapporterait, en cas de réussite, cinq schellings six pence par semaine. Les deux petits Cratchit rirent comme des fous en pensant que Pierre allait entrer dans les affaires, et Pierre lui-même regarda le feu d'un air pensif entre les deux pointes de son col, comme s'il se consultait déjà pour savoir quelle sorte de placement il honorerait de son choix quand il serait en possession de ce revenu important.

Martha, pauvre apprentie chez une marchande de mode, raconta alors quelle espèce d'ouvrage elle avait à faire, combien d'heures elle travaillait sans s'arrêter, et se réjouit d'avance à la pensée qu'elle pourrait demeurer fort tard au lit le lendemain matin, jour de repos passé à la maison. Elle ajouta qu'elle avait vu, peu de jours auparavant, une comtesse et un lord, et que le lord était bien à peu près de la taille de Pierre ; sur quoi, Pierre tira si haut son col de chemise, que vous n'auriez pu apercevoir sa tête si vous aviez été là. Pendant tout ce temps, les marrons et le pot au grog circulaient à la ronde, puis Tiny Tim se mit à chanter une ballade sur un enfant égaré au milieu des neiges ; Tiny Tim avait une petite voix plaintive et chanta sa romance à merveille, ma foi !

Il n'y avait rien dans tout cela de bien aristocratique. Ce n'était pas une belle famille ; ils n'étaient bien vêtus ni les uns ni les autres ; leurs souliers étaient loin d'être imperméables ; leurs habits n'étaient pas cossus ; Pierre connaissait certainement, j'en mettrais ma main au feu, la boutique du prêteur sur gage. Cependant ils étaient heureux, reconnaissants, satisfaits les uns des autres et contents de leur sort ; et au moment où Scrooge les quitta, ils semblaient plus heureux encore à la lueur des étincelles que la torche de l'Esprit répandait sur eux ;

aussi les suivit-il du regard, et en particulier Tiny Tim, sur lequel il tint l'œil fixé jusqu'au bout.

Cependant la nuit était venue, sombre et noire ; la neige tombait à gros flocons, et, tandis que Scrooge parcourait les rues avec l'Esprit, l'éclat des feux pétillait dans les cuisines, dans les salons, partout, avec un effet merveilleux. Ici, la flamme vacillante laissait voir les préparatifs d'un bon petit dîner de famille, avec les assiettes qui chauffaient devant le feu, et des rideaux épais d'un rouge foncé, qu'on allait tirer bientôt pour faire obstacle au froid et à l'obscurité de la rue. Là, tous les enfants de la maison s'élançaient dehors dans la neige au-devant de leurs sœurs mariées, de leurs frères, de leurs cousins, de leurs oncles, de leurs tantes, pour être les premiers à leur dire bonjour. Ailleurs, les silhouettes des convives réunis se dessinaient sur les stores. Un groupe de belles jeunes filles, encapuchonnées, chaussées de souliers fourrés, et causant toutes à la fois, se rendaient d'un pied léger chez quelque voisin ; malheur alors aux célibataires (les rusées magiciennes, elles le savaient bien !) qui les y verrait faire leur entrée avec leur teint vermeil animé par le froid !

À en juger par le nombre de ceux qu'ils rencontraient sur leur route se rendant à d'amicales réunions, vous auriez pu croire qu'il ne restait plus personne dans les maisons pour leur donner la bienvenue à leur arrivée, quoique ce fût tout le contraire ; pas une maison où l'on n'attendît quelqu'un, pas une cheminée où l'on n'eût empilé le charbon jusqu'à la gorge. Aussi, Dieu du ciel ! comme l'Esprit était ravi ! comme il découvrait sa large poitrine ! comme il ouvrait sa vaste main ! comme il planait au-dessus de cette foule, déversant avec générosité sa joie vive et innocente sur tout ce qui se trouvait à sa portée ! Il n'y eut pas jusqu'à l'allumeur de réverbères qui, dans sa course devant lui, marquant de points lumineux les rues ténébreuses, tout habillé déjà pour aller passer sa soirée quelque part, ne se mît à rire aux éclats lorsque l'Esprit passa près de lui, bien qu'il ne sût pas, le brave homme, qu'il eût en ce moment pour compagnie Noël en personne.

Tout à coup, sans que le Spectre eût dit un seul mot pour préparer son compagnon à ce brusque changement, ils se trouvèrent au milieu d'un marais triste, désert, parsemé de monstrueux tas de pierres brutes, comme si c'eût été un cimetière de géants; l'eau s'y répandait partout où elle voulait, elle n'avait pas d'autres obstacles que la gelée qui la retenait prisonnière; il ne poussait rien en ce triste lieu, si ce n'est de la mousse, des genêts et une herbe chétive et rude. À l'horizon, du côté de l'ouest, le soleil couchant avait laissé une traînée de feu d'un rouge ardent qui illumina un instant ce paysage désolé, comme le regard étincelant d'un œil sombre, dont les paupières s'abaissant peu à peu jusqu'à ce qu'elles se ferment tout à fait, finirent par se perdre complètement dans l'obscurité d'une nuit épaisse.

« Où en sommes-nous ? demanda Scrooge.

– Nous sommes où vivent les mineurs, ceux qui travaillent dans les entrailles de la terre, répondit l'Esprit; mais ils me reconnaissent. Regardez! » [...]

Charles Dickens, « Un chant de Noël », dans *Contes de Noël*, traduit de l'anglais par P. Lorain et J. Esch, Paris, Hachette, coll. « Grandes Œuvres », 1986 [1857 pour la traduction française, 1843, pour l'édition originale anglaise], p. 70-75.

5

Promenade dans le Berry
(1851-1858)

George Sand

Ceux qui ont lu George Sand savent tout ce que son œuvre littéraire doit au Berry, province française où le monde paysan semble, encore maintenant, avoir en partie survécu à son naufrage, survenu ailleurs en France dans les années 1960. Avec l'auteur de *La mare au diable*, nous sommes un siècle plus tôt, alors que la coutume est loi et le folklore, littérature. Entre 1851 et 1858, la «Bonne Dame de Nohant», comme on l'appelait dans le pays, fait œuvre d'ethnographe avant la lettre en recueillant et en publiant dans divers périodiques un trésor de récits ayant trait à la vie paysanne. Le monde païen, comme l'indique l'étymologie de l'adjectif, n'est jamais très loin du monde paysan. Le merveilleux païen non plus, en particulier quand il croise ce haut lieu du merveilleux chrétien qu'est la nuit de Noël. Le résultat? Les bêtes parlent. Le diable s'en mêle. La messe est dite.

Promenade dans le Berry

*L*A NUIT DE NOËL est, en tous pays, la plus solennelle crise du monde fantastique. Toujours, par suite de ce besoin qu'éprouvent les hommes primitifs de compléter le miracle religieux par le merveilleux de leur vive imagination, dans tous les pays chrétiens, comme dans toutes les provinces de France, le coup de minuit de la messe de Noël ouvre les prodiges du sabbat, en même temps qu'il annonce la commémoration de l'ère divine. Le ciel pleut des bienfaits à cette heure sacrée ; aussi l'enfer vaincu, voulant disputer encore au Sauveur la conquête de l'humanité, vient-il s'offrir à elle pour lui donner les biens de la terre, sans même exiger en échange le sacrifice du salut éternel : c'est une flatterie, une avance gratuite que Satan fait à l'homme. Le paysan pense qu'il peut en profiter. Il est assez malin pour ne pas se laisser prendre au piège ; il se croit bien aussi rusé que le diable, et il ne se trompe guère.

Dans notre vallée Noire, le *métayer fin*, c'est-à-dire savant dans la cabale et dans l'art de faire prospérer le *bestiau* par tous les moyens naturels et surnaturels, s'enferme dans son étable au premier coup de la messe ; il allume sa lanterne, ferme toutes ses *huisseries* avec le plus grand soin, prépare certains charmes, que le *secret* lui révèle, et reste là, *seul de chrétien*, jusqu'à la fin de la messe.

Dans ma propre maison, à moi qui vous raconte ceci, la chose se passe ainsi tous les ans, non pas sous nos yeux, mais au su de tout le monde, et de l'aveu même des métayers.

Je dis : non pas sous nos yeux, car le charme est impossible si un regard indiscret vient le troubler. Le métayer, plus défiant qu'il n'est possible d'être curieux, se barricade de manière à ne pas laisser une fente ; et, d'ailleurs, si vous êtes là quand il veut entrer dans l'étable, il n'y entrera point ; il ne fera pas sa conjuration, et gare aux reproches et aux contestations s'il perd des bestiaux dans l'année : c'est vous qui lui aurez causé le dommage.

Quant à sa famille, à ses serviteurs, à ses amis et voisins, il n'y a pas de risque qu'ils le gênent dans ses opérations mystérieuses. Tous convaincus de l'utilité souveraine de la chose, ils n'ont garde d'y apporter obstacle. Ils s'en vont bien vite à la messe, et ceux que leur âge ou la maladie retient à la maison ne se soucient nullement d'être initiés aux terribles émotions de l'opération. Ils se barricadent de leur côté, frissonnant dans leur lit si quelque bruit étrange fait hurler les chiens et mugir les troupeaux.

Que se passe-t-il donc alors entre le *métayer fin* et le bon compère *Georgeon* ? Qui peut le dire ? Ce n'est pas moi ; mais bien des versions circulent dans les veillées d'hiver, autour des tables où l'on casse les noix pour le pressoir ; bien des histoires sont racontées, qui font dresser les cheveux sur la tête.

D'abord, pendant la messe de minuit, les bêtes parlent, et le métayer doit s'abstenir d'entendre leur conversation. Un jour, le père Casseriot, qui était faible à l'endroit de la curiosité, ne put se tenir d'écouter ce que son bœuf disait à son âne.

– Pourquoi que t'es triste, et que tu ne manges point ? disait le bœuf.

– Ah! mon pauvre vieux, j'ai un grand chagrin, répondit l'âne. Jamais nous n'avons eu si bon maître, et nous allons le perdre!

– Ce serait grand dommage, reprit le bœuf, qui était un esprit calme et philosophique.

– Il ne sera plus de ce monde dans trois jours, reprit l'âne, dont la sensibilité était plus expansive, et qui avait des larmes dans la voix.

– C'est grand dommage, grand dommage! répliqua le bœuf en ruminant.

Le père Casseriot eut si grand-peur, qu'il oublia de faire son charme, courut se mettre au lit, y fut pris de fièvre chaude, et mourut dans les trois jours.

Le valet de charrue Jean, de Chassignolles, a vu une fois, au coup de l'élévation de la messe, les bœufs sortir de l'étable en faisant grand bruit, et se jetant les uns contre les autres, comme s'ils étaient poussés d'un aiguillon vigoureux; mais il n'y avait personne pour les conduire ainsi, et ils se rendirent seuls à l'abreuvoir, d'où, après avoir bu d'une soif qui n'était pas ordinaire, ils rentrèrent à l'étable avec la même agitation et la même obéissance. Curieux et sceptique, il voulut en savoir le fin mot. Il attendit sous le portail de la grange, et en vit sortir, au dernier coup de la cloche, le métayer, son maître, reconduisant un homme qui ne ressemblait à aucun autre homme, et qui lui disait:

– Bonsoir, Jean; à l'an prochain!

Le valet de charrue s'approcha pour le regarder de plus près; mais qu'était-il devenu? Le métayer était tout seul, et, voyant l'imprudent:

– Par grand bonheur, mon gars, lui dit-il, que tu ne lui as point parlé; car, s'il avait seulement regardé de ton côté, tu ne serais déjà plus vivant à cette heure!

Le valet eut si grand-peur, que jamais plus il ne s'avisa de regarder quelle main mène boire les bœufs pendant la nuit de Noël.

George Sand, *Promenade dans le Berry. Mœurs, coutumes, légendes*, Bruxelles, Complexe, 1982 [1851-1855, 1858], p. 89-93.

6

Les aventures de la nuit de Saint-Sylvestre
(1815)

E. T. A. Hoffmann

Au XIXe siècle, les romantiques français apprirent beaucoup des romantiques allemands, même si les premiers n'allèrent pas aussi loin que les seconds, et à leur suite les romantiques anglais, dans leur fréquentation du surnaturel et du fantastique. L'extrait qu'on va lire est un alliage franco-allemand des plus heureux, puisque l'éditeur Phébus reprend ici l'édition réalisée avec bonheur par le critique et homme de lettres franco-suisse Albert Béguin, au Club des libraires de France en 1956-1958, à partir de la traduction de l'allemand révisée qu'en avait faite Henri de Curzon un siècle plus tôt. Mais la chaîne des lecteurs ne s'arrête pas là. Hoffmann lui-même reconnaît s'être inspiré de l'œuvre d'un graveur français du début du XVIIe siècle, Jacques Callot, pour traduire à l'aide de mots ce qui lui apparaissait avant tout comme une vision, procédé cher à l'esprit romantique. Né à Königsberg, en Prusse Orientale, en 1776, Ernst Theodor Wilhelm Hoffmann est mort en 1882, dans la force de l'âge, après avoir mené une vie instable, tour à tour journaliste, musicien, peintre, compositeur d'opéras et homme de lettres. C'est cette dernière occupation qui lui valut la renommée, même après sa mort. Auteur de contes mêlant avec bonheur le fantastique, le surnaturel et la peinture de caractères, Hoffmann exerça une grande influence sur plus d'un écrivain français, Gérard de Nerval et Victor Hugo n'étant pas des moindres.

«Les aventures de la nuit de Saint-Sylvestre» est extrait d'un recueil de contes intitulé *Fantaisies dans la manière de Callot,* où la rêverie le dispute au réalisme. Réel est le conseiller de justice, notable et fonctionnaire de l'État prussien, au XIXe siècle. Réels, les gens qui assistent à la réception où s'égare le narrateur. Mais irréelle l'atmosphère où baigne cette soirée de Saint-Sylvestre, à Berlin, au cours de laquelle un homme esseulé croise parmi la foule de convives une femme éperdument aimée, jadis. Est-elle un démon, est-elle un ange supérieur, est-elle la magicienne Circé, celle qui lui tend maintenant une coupe? Avec des airs préraphaélites, la nouvelle d'Hoffmann évoque l'inquiétude de l'amour, que l'esprit de Noël, tout de bonté, ne saurait apaiser.

Les aventures de la nuit de Saint-Sylvestre

TU SAIS, ami, que le retour de ces fêtes de Noël et du Jour de l'an, qui vous inspire à tous tant de vive et merveilleuse allégresse, m'arrache toujours à mon paisible ermitage pour me jeter à la merci d'une mer houleuse et mugissante. Noël! Ce sont des jours bénis qui longtemps à l'avance brillent à mes yeux d'une douce clarté. Je les attends avec impatience... je deviens meilleur, plus ingénu que pendant tout le reste de l'année; mon âme, ouverte à la vraie joie du ciel, ne nourrit ni haine ni rancune: je suis redevenu un enfant, tout à sa jubilation et à son plaisir. Parmi les figurines bigarrées et dorées qui garnissent les boutiques pieusement illuminées, de gracieux visages d'anges me sourient; dans les rues, à travers la bruyante cohue, me parviennent de très loin les accords sacrés de l'ordre. «Car il nous est né un Enfant!»

Mais après la fête, tout expire, tout cet éclat s'éteint dans une triste obscurité. Chaque année, toujours plus et plus de fleurs tombent, flétries; leur graine s'est desséchée pour toujours; nul soleil printanier n'insuffle une nouvelle vie aux branches mortes. Je le sais bien, mais l'esprit malin éprouve un secret plaisir à m'en rebattre sans cesse les oreilles dès que l'année tire à sa fin: «Vois, murmure-t-il tout bas, vois combien de plaisirs t'ont fui, cette année, qui ne reviendront pas; en revanche, te voilà devenu plus sage, tu ne fais plus tant de cas des frivoles divertissements du monde, chaque jour tu deviens plus sérieux, plus étranger à la joie.»

Pour le soir de la Saint-Sylvestre, le Diable me ménage régulièrement quelque aubaine bien particulière : il s'entend à me railler à point nommé, et avec une affreuse ironie m'entre dans le cœur ses griffes acérées pour se repaître de mon sang. Partout il trouve aide et assistance : hier par exemple, c'est le Conseiller de justice qui l'a vaillamment secondé.

Il y a toujours chez lui (chez le Conseiller de justice, s'entend) grande réunion le soir de la Saint-Sylvestre, et l'aimable homme tient à préparer à chacun, en guise de souhait de bonne année, un plaisir spécial : or il s'en tire avec une telle maladresse, une telle balourdise, que ce plaisir si minutieusement préparé n'aboutit la plupart du temps qu'à un dépassement comique.

Dès que je parus dans l'antichambre, le Conseiller de justice s'empressa au-devant de moi, et m'arrêta comme j'allais entrer dans le sanctuaire, d'où s'échappait une vapeur de thé et de parfums délicats. Il arborait un air de maligne satisfaction, et m'adressa un étrange sourire :

– Mon bon ami ! mon bon ami ! Quelque chose de délicieux vous attend au salon... Une surprise sans égale, bien digne de cette soirée de la Saint-Sylvestre ! Mais ne vous effrayez pas !

Ces paroles m'accablèrent ; de sombres pressentiments surgirent dans mon esprit, mon cœur était serré d'angoisse. Les portes s'ouvrirent, je m'avançai à la hâte... J'entrai.

Au milieu des dames assises sur le sofa m'apparut son image rayonnante : c'était *elle !* Elle-même, que je n'avais pas vue depuis des années ; les plus enivrants moments de ma vie brûlèrent mon cœur d'une flamme incendiaire. Fini, le mortel abandon ! envolé le souvenir de notre séparation !... Mais par quel merveilleux hasard était-elle revenue ici ? Quel événement avait bien pu l'amener à la soirée du Conseiller de justice ? Il la connaissait donc ?... Mais je ne pensais même pas à tout cela !... Elle m'était rendue !...

Immobile, comme frappé soudain par la baguette d'un enchanteur, je restai cloué sur place. Ce fut le Conseiller de justice qui me poussa doucement :

– Eh bien, mon ami, eh bien ?

Machinalement j'avançai, mais c'est elle seule que je voyais, et de mon cœur oppressé s'échappèrent avec peine ces paroles :

– Mon Dieu !... mon Dieu !... Julie, ici ?

J'étais arrivé près de la table à thé ; alors seulement elle m'aperçut. Elle se leva et me dit d'un ton presque indifférent :

– Je me réjouis fort de vous voir ici. Vous avez bonne mine.

Là-dessus elle se rassit et demanda à sa voisine :

– Avons-nous quelque pièce intéressante à espérer pour la semaine prochaine ?

Tu t'approches d'une superbe fleur dont l'éclat et le doux parfum t'attirent ; mais au moment où tu te penches pour admirer de tout près ses charmes, voici qu'un froid et glissant basilic s'échappe des feuilles scintillantes, et te menace de ses regards hostiles !... C'est ce qui venait de m'arriver !

Je m'inclinai gauchement devant les dames, et comme il fallait qu'au poison de cette blessure vînt se joindre la honte de ma sottise, en me reculant précipitamment je heurtai le Conseiller, qui était justement derrière moi, et la tasse de thé fumant qu'il tenait à la main inonda son élégant jabot plissé. On rit de la malchance du Conseiller de justice, mais plus encore, me sembla-t-il, de ma maladresse. Ainsi tout était arrangé à l'avance pour me rendre fou ; mais je repris contenance avec un désespoir résigné.

Julie n'avait pas ri ; mes regards égarés rencontrèrent les siens, et ce fut comme si un rayon de bonheur passé, chargé de toute une vie d'amour et de poésie, fût venu m'effleurer.

Quelqu'un, dans la pièce voisine, commença d'improviser sur le piano, ce qui mit en mouvement toute la compagnie. On disait que c'était un grand virtuose étranger, un nommé Berger, qui jouait vraiment divinement et qu'il fallait écouter avec attention.

– Ne fais pas tant de bruit avec ces cuillers, ma petite Mina, cria le Conseiller en montrant la porte d'un geste engageant.

Et d'un suave « eh bien ! » il invita ces dames à se rapprocher du virtuose.

Julie aussi s'était levée et se dirigeait lentement vers la pièce voisine. Elle avait changé ; elle me parut plus grande, plus formée, plus riche d'attraits et de séductions qu'autrefois. La coupe particulière de sa robe blanche abondamment plissée avec de larges manches bouffant jusqu'au coude, sa chevelure divisée sur le front et bizarrement entrelacée par-derrière en multiples tresses relevées en chignon, tout cela lui donnait quelque chose d'antique : elle ressemblait aux jeunes filles des tableaux de Mieris. Et en même temps il me semblait que j'avais déjà vu quelque part, de mes propres yeux, la femme dont Julie m'offrait l'image...

Elle avait retiré ses gants : jusqu'aux bracelets précieux qui s'enroulaient autour de ses poignets, tout, dans l'exacte conformité de sa mise, concourait à réveiller en moi, de plus en plus vive et colorée, cette inexplicable illusion.

Julie se retourna vers moi avant d'entrer dans la pièce voisine, et il me sembla que ce visage angélique et d'une grâce toute juvénile était défiguré par une railleuse ironie. Quelque chose d'effrayant, d'horrible, se fit sentir en moi: une sorte de crampe secoua convulsivement tous mes nerfs...

– Oh! Il joue divinement! murmura une demoiselle, exaltée par le thé bien sucré.

Et je ne sais comment il se fit que son bras s'appuya sur le mien et que je la conduisis, ou plutôt qu'elle me conduisit dans le salon de musique. Berger faisait juste mugir le plus sauvage ouragan. Pareil aux flots sauvages de la mer montaient et descendaient les puissants accords!... Cela me fit du bien.

Julie se trouva tout à coup près de moi et me dit, d'une voix plus suave et plus caressante que jamais:

– J'aimerais te voir assis au piano: tu mettrais sûrement plus de douceur à chanter la joie et l'espérance d'autrefois!...

L'ennemi s'était retiré de moi, et je voulus dans ce seul nom, «Julie!», exprimer la céleste béatitude qui m'inondait... Mais d'autres personnes, passant entre nous, l'avaient éloignée de moi. Je vis alors qu'elle cherchait à m'éviter; mais je réussissais cependant tantôt à toucher sa robe, tantôt serré contre elle, à respirer son haleine, et je sentais revivre en moi, parées de mille couleurs, resplendissantes, les heures fortunées de mon printemps enfui.

Berger avait laissé s'apaiser l'ouragan: le ciel avait retrouvé sa sérénité, de douces et vagues mélodies s'élevèrent, tels de petits nuages dorés par l'aurore, et se perdirent dans un *pianissimo* presque imperceptible. De chauds applaudissements furent le partage mérité du virtuose; les rangs de l'assistance se confondirent, et le hasard fit que je me retrouvai tout près de Julie. Mon esprit s'était raffermi; dans la douleur égarée de mon amour, je voulus la saisir, l'enlacer, mais entre nous se glissa la face maudite d'un domestique affairé, qui, un grand plateau à la main, demandait d'une voix désagréable :

– Vous plairait-il?...

Parmi les verres de punch fumant, je remarquai une coupe délicatement ciselée, pleine aussi du même breuvage – à ce qu'il paraissait. Comment était-elle venue là, au milieu de tous ces verres ordinaires? Si quelqu'un le sait, c'est *celui* que j'apprends chaque jour un peu plus à connaître, celui qui excelle (comme Clemens dans *Octavian*) à décrire de son pied gauche d'agréables crochets en marchant et qui aime tant les manteaux rouges et les plumes de même couleur... Ce verre, cette coupe finement taillée et étrangement étincelante, Julie la prit et me la présenta :

– Recevras-tu aussi volontiers qu'autrefois le verre offert par ma main?

– Julie!... Julie! soupirai-je.

En saisissant la coupe, j'avais touché ses doigts délicats; des étincelles électriques embrasèrent toutes mes veines et me firent battre le cœur... Je bus et bus encore... Il me semblait que de petites flammes bleues se jouaient en pétillant autour du verre, s'élevant en autant de langues de feu jusqu'à mes lèvres.

Berger était de nouveau au piano; il jouait l'andante de la sublime *Symphonie en mi bémol* de Mozart... et à mesure que le chant se déployait, telle l'aile d'un cygne, je sentais renaître tout l'amour, toute la joie ensoleillée de mes plus beaux jours... Oui, oui c'était Julie... Julie elle-même, tendre et belle comme un ange... Notre conversation ?... Une plainte d'amour ardent... moins de paroles que de regards... sa main reposant dans la mienne.

– Maintenant je ne te quitterai plus jamais! Ton amour est l'étincelle qui brûle en moi, illuminant toute une existence plus élevée, vouée à l'art et à la poésie... Sans toi, sans ton amour, tout est morne et glacé!... Mais, dis-moi, n'es-tu pas venue toi aussi pour être mienne à jamais?

Dans l'instant, une grotesque silhouette à jambes d'araignée, avec des yeux de grenouille à fleur de tête, entra en se dandinant et cria d'un ton aigu des plus déplaisants, souligné par un sourire parfaitement niais:

– Où diantre est donc passée ma femme?

Julie se leva et me dit, d'une voix soudain étrangement neutre:

– N'allons-nous pas rejoindre la compagnie? Voici mon mari qui me cherche... Vous êtes toujours fort amusant, mon cher! toujours en verve, comme autrefois... mais ménagez-vous un peu sur la boisson.

Le faquin aux jambes d'araignée la prit par la main, et elle le suivit en riant dans le salon...

– Perdue pour jamais! m'écriai-je tout haut.

– Eh! Sans doute, Codille! mon très cher! observa en chevrotant un animal qui jouait à l'*hombre*.

Je m'enfuis en courant, dans la nuit et la tempête.

E. T. A. Hoffmann, «Les aventures de la nuit de Saint-Sylvestre», *Fantaisies dans la manière de Callot*, texte français par Henri de Curzon, préface de Jean Paul Richter, Paris, Phébus, coll. «Libretto», 1979 [1815], p. 363-369.

7

La nuit de Noël
(1832)

Nicolas Gogol

Il serait bien savant celui qui pourrait expliquer pourquoi au XIXe siècle, la littérature a pu atteindre de tels sommets dans une Russie trop hâtivement jugée arriérée et pauvre, écrasée sous le tsarisme. Sur les Dostoïevski, Pouchkine, Tchekhov, Tolstoï et autres géants de l'époque, Nicolas Gogol a exercé une grande influence. Mais l'auteur des *Âmes mortes* et du *Manteau* ne s'est pas construit en un jour. C'est le Gogol romantique de la première manière qu'on lira maintenant, dans ce conte de Noël tiré d'un recueil parfois traduit en français sous le nom de *Soirées du hameau près de Dikanka*. Depuis Saint-Pétersbourg où il s'est installé en 1829, Gogol a la nostalgie de son Ukraine natale. Avec le souvenir, la nostalgie est donc le principal matériau de ces contes qui mettent en scène, sur le mode burlesque ou fantastique, une galerie de personnages colorés qu'on dirait tout droit sortis d'un tableau naïf. Comme le veut l'usage, à tout conte, il faut un conteur, qui mène le récit. Pour ce faire, Gogol s'est projeté dans un narrateur doublé d'un apiculteur répondant au nom de Panko le rouge. L'hiver, quand les abeilles sommeillent dans leurs ruches, l'apiculteur, comme tout bon paysan, grimpe sur son poêle (les poêles russes à l'ancienne tiennent du lit et de l'armoire autant que du poêle), fume sa pipe et rêve. C'est qu'il s'en passe des belles, pendant la nuit de Noël. Dans ce conte tout frémissant du folklore de l'Ukraine (autrefois appelée Petite Russie), le diable n'est pas le seul personnage à cavaler pendant la très spéciale nuit de Noël. Les riches, la tsarine, la belle du village qui réclame un gage d'amour, des Zaporogues (cosaques ukrainiens), le sacristain, le forgeron berné par la belle, tous se trouveront mêlés à une diablerie, dont le larcin, qui consiste à voler la lune, n'est que le prélude.

La nuit de Noël

*L*E DERNIER JOUR AVANT NOËL était passé. Une claire nuit d'hiver était descendue sur la terre; les étoiles apparurent; majestueuse, la lune était montée au ciel pour dispenser sa lumière aux braves gens, comme d'ailleurs à tous les habitants de ce monde, afin que tous puissent avoir plaisir, cette nuit-là, à chanter les «koliadki[1]» et à glorifier le Christ. Il gelait plus fort que le matin, mais en revanche, il régnait un tel silence que l'on entendait à un demi-kilomètre le crissement de la neige dure sous la botte des passants. Pas un groupe de jeunes gens ne s'était encore montré sous la fenêtre des chaumières; seule la lune y jetait un regard furtif, comme pour faire signe aux jeunes filles, occupées à mettre leurs plus beaux atours, de vite sortir sur cette neige qui craquait sous les pas. Alors, des tourbillons de fumée sortirent de la cheminée d'une de ces chaumières et s'étendirent comme un nuage dans le ciel, et en même temps que la fumée, une sorcière s'éleva dans les airs, à cheval sur un balai.

Il l'aurait assurément aperçue, car il n'est pas de sorcière au monde qui lui échappe, si l'adjoint de Sorotchinetz avait passé par là à ce moment, en traîneau attelé d'une troïka de chevaux réquisitionnés, en bonnet fourré

---

[1] Les «koliadki» sont des noëls que jeunes gens et jeunes filles s'en vont chanter sous la fenêtre de tous les habitants. Le maître ou la maîtresse de la maison en question ne manquent jamais de jeter dans le sac des chanteurs un saucisson, un pain ou une pièce de cuivre, selon leurs moyens. (Note de l'édition originale, comme les autres notes de bas de page dans cet ouvrage).

d'agneau, fait à la manière des uhlans, en pelisse bleue doublée d'une peau de mouton noir, tenant à la main cette diabolique cravache tressée dont il avait coutume de houspiller son postillon. L'adjoint sait, lui, combien de gorets met bas la truie de chaque paysanne, combien de toile on a réduite dans les coffres et ce que c'est, exactement, qu'un brave homme va engager au cabaret, le dimanche, de ses habits ou des objets de son ménage. Mais l'adjoint de Sorotchinetz n'a pas passé par là – et du reste, que pouvaient lui faire les cantons des autres – n'avait-il pas le sien ?

La sorcière, cependant, était montée si haut qu'on ne voyait plus qu'un petit point noir dans les airs. Mais partout où se montrait ce petit point, les étoiles disparaissaient, l'une après l'autre. Bientôt, la sorcière en eut ramassé plein sa manche. Il n'y en avait bientôt plus que trois ou quatre qui brillaient au ciel. Soudain, un autre petit point apparut en face du premier, qui grandit, s'étendit, devint tout autre chose qu'un simple point. Un myope, eût-il chaussé son nez des roues de la voiture du commissaire en guise de lunettes, même alors, un myope n'aurait pu distinguer ce que c'était. Par devant, on aurait juré un Allemand[2] : un petit groin effilé, qui était sans cesse en mouvement et qui flairait tout ce qui était à sa portée. Ce groin était terminé par une petite plaque ronde, comme l'est celui de nos cochons. Les jambes étaient si grêles que si le maire de Iareskov en avait de semblables, il les casserait dès la première « cosaque[3] » qu'il danserait. En revanche, par derrière, il avait tout

---

[2] Chez nous, on appelle « Allemands » tous les étrangers sans exception, qu'ils soient en réalité Français, Autrichiens ou Suédois.

[3] Danse, dans le genre du gopak.

d'un avoué départemental revêtu de son uniforme, car il avait une queue, aussi longue et aussi mince que les basques d'un uniforme à la mode d'aujourd'hui. Ce n'est que la barbiche de bouc qui terminait son menton, les petites cornes qui pointaient sur sa tête, et tout son teint, qui n'était guère plus blanc que celui d'un ramoneur, qui permettaient de deviner qu'il ne s'agissait là ni d'un Allemand ni d'un avoué départemental, mais bien d'un diable, à qui il ne restait plus que cette nuit pour rôder par le monde et pour enseigner le péché aux braves gens. En effet, le lendemain, au premier son de cloche, il devait se précipiter, sans demander son reste et serrant la queue, droit dans sa tanière.

Cependant, le diable se glissait tout doucement vers la lune et déjà il était sur le point de la saisir, quand il retira précipitamment la main comme s'il s'était brûlé, se suça le bout des doigts, agita un pied et courut de l'autre côté. Là, il sauta de nouveau en arrière et retira brusquement la main. Pourtant, sans se laisser décourager par toutes ces déconvenues, le rusé diable n'abandonna pas ses espiègleries. S'étant approché par surprise, il saisit la lune à deux mains. Se soufflant dans les doigts et faisant toutes sortes de grimaces, il la fit sauter d'une paume dans l'autre, à la manière d'un paysan qui aurait sorti de ses mains nues une braise pour allumer sa pipe. Enfin, il fourra précipitamment la lune dans sa poche, et comme si de rien n'était, poursuivit sa course.

À Dikanka, personne ne savait comment le diable avait volé la lune. [...]

Nicolas Gogol, «La nuit de Noël», traduit du russe par Eugénie Tchernosvitow, dans *Veillées d'Ukraine*, Genève, Éditions du Rhône, 1944 [1832 pour l'édition russe originale], p. 161-164.

8

L'Enfant Jésus
(1893)

Rainer Maria Rilke

Il y a le Rilke poète mâle et exalté des *Élégies à Duino* et des *Sonnets à Orphée*. Le Rilke fraternel de la *Lettre à un jeune poète*, le Rilke souffrant qui se cherche et se trouve dans les *Cahiers de Malte Laurids Brigge*. Cependant, tous ces sommets dans l'œuvre de Rilke auront été préparés par le Rilke des jeunes années, garçon sentimental qui sème les adjectifs dans ses écrits comme des cailloux sur le chemin, qui répond encore au prénom de « René », prénom que l'écrivain et muse Lou Andrea Salomé virilisera un jour en « Rainer ». Le premier Rilke aime les contes naïfs, baignant dans la religiosité de l'enfance. L'écrivain de la maturité, lui, reniera tout ce qu'il a pu écrire avant sa rencontre avec Rodin, en 1902. Des charretées de contes et de poèmes font partie du lot sacrifié, et c'est à la seule réputation de Rilke, considéré à juste titre comme l'un des plus grands poètes de langue allemande, qu'ils doivent de figurer aujourd'hui dans son œuvre à titre de jalons significatifs. S'il montre le chemin parcouru par le poète pour s'affranchir de la facilité et de la joliesse, le conte intitulé « L'Enfant Jésus » rappelle aussi que Noël est avant tout la fête des enfants, même pauvres, même orphelins. Du reste, avant l'arrivée du tonitruant et impérialiste Père Noël, n'était-ce pas l'Enfant Jésus qui déposait les étrennes dans les souliers des enfants sages ? Le Noël qui attend la petite Élisabeth sera à nul autre pareil.

L'Enfant Jésus

À LA DERNIÈRE ÉPICERIE, Élisabeth échangea ses sous contre quelques petites bougies, une longue guirlande scintillante et multicolore, des allumettes et un gigantesque cœur en pain d'épice. Chargée de ces trésors, elle courut jusque dans la forêt où elle ne rencontra plus personne que les gens qui, à l'écart du chemin, ramassaient du bois mort; et ceux-là paraissaient chagrins, gelés, et ne faisaient pas attention à l'enfant.

Il est un endroit dans la forêt où le soir, qui va, anxieux comme un vieil avare, cacher son or derrière la prochaine montagne, s'attarde un moment comme s'il avait du mal à se séparer de cette belle terre. Là se dressent sur leurs longues tiges des fleurs blanches qui balancent alors leur splendeur dans la dernière haleine du vent, comme des enfants agitent leur mouchoir quand leur père les quitte. Ainsi en va-t-il l'été. Mais même au milieu de l'hiver, lorsque le soir précocement las traîne ses semelles rouges sur les reflets de la neige, il s'y arrête pour se reposer et met sa dernière ardeur dans le baiser qu'il donne à la vieille madone du chemin, qui habite sur sa colonne de pierre usée par les intempéries et qui, dans sa mélancolie solitaire, l'accompagne de son sourire.

C'était l'endroit favori de la petite Élisabeth. Elle s'y était souvent réfugiée, le dos brûlant de coups, pour raconter sa souffrance, comme à une mère, à la Reine des Cieux oubliée. Et, souvent, elle avait eu l'impression que la statue de pierre avait les traits de sa petite maman défunte. Et, maintenant, elle aimait cet endroit bien davantage encore. Aussi longtemps qu'il y avait des fleurs, il ne se passait pas de jour sans que l'enfant dissimulât le clou rouillé sur le socle sous une parure toute fraîche; et, quoi! si tous les autels du pays n'avaient qu'un seul fidèle de cette sorte, Dieu ne pourrait pas ne pas se pencher sur le monde!

Ce soir de Noël là, la petite suivit également son chemin habituel, traînant avec elle les babioles qu'elle avait achetées. Un plan secret faisait briller ses yeux et donnait des ailes à ses pas. Elle jeta à la madone de pierre un regard à la fois mutin et plein de respect qui était censé dire: « Hein, je suis courageuse? Tu ne m'attendais pas, aujourd'hui. »

Puis elle se mit sans hésiter à l'ouvrage.

De l'autre côté du chemin au bord duquel se dressait la colonne commençait un bois de jeunes sapins. La petite fille choisit l'un des premiers arbres, dont elle pouvait tout juste atteindre le sommet, et passa la guirlande de papier multicolore autour des branches horizontales, sur lesquelles de la neige ferme resplendissait déjà comme une étincelante parure de diamants. Puis, en faisant couler quelques gouttes de cire, elle fixa les bougies au bout des branches, et les lumières jaillirent en même temps que la première étoile de la nuit du Salut.

C'était vraiment d'une grande splendeur. La neige fondait autour des petites bougies à la mèche rougeoyante, et c'était un vrai plaisir de voir tout cela scintiller et lancer des éclairs. La petite Élisabeth commença par réciter devant la Sainte Vierge quelques pieuses paroles et s'écria en désignant le petit arbre radieux: « Tu es contente? » Puis elle mordit fort gaillardement dans le cœur en pain d'épice et, les joues pleines, elle se tenait si près du sapin illuminé que le reflet de cet éclat mettait des étincelles dans la pureté de ses yeux.

La vaste forêt semblait fêter tout entière la naissance du Christ. Les hauts sapins noirs formaient un vaste cercle de respectueux fidèles en prière et fixaient d'un air étonné cet arbuste presque insignifiant de la même manière que les hommes contemplent un enfant prodige. Même les étoiles lointaines semblaient se bousculer au-dessus de cet endroit afin de ne surtout rien manquer et de pouvoir raconter au Bon Dieu, et aux anges, et à la bonne mère de la petite Élisabeth quelle enfant sage elle était.

Dans la pénombre des chemins forestiers, cependant, approchaient, par bonds, de grands oiseaux noirs poussés par la curiosité. Ils avaient peut-être faim eux aussi, se dit l'enfant ; Betty ne ressentait pas la moindre peur, aussi partagea-t-elle le volumineux gâteau en forme de cœur avec ses gloutons d'invités. Elle était si contente, si heureuse qu'elle en aurait chanté, si seulement elle avait su quelque belle et digne chanson.

Les bougies s'étaient déjà passablement consumées ; alors la petite fille s'assit au pied de la sainte image, les yeux pleins de bonheur et ses petites mains bleues de froid. Mais elle ne le sentait nullement. Il régnait autour d'elle un si miraculeux silence, et lorsqu'elle fermait les yeux, elle se voyait assise sur les genoux de sa chère maman dans la salle chaude et familière. L'horloge poursuivait son tic-tac paisible et régulier, et le tourbillon du vent s'enfonçait dans la cheminée crépitante. Sa mère lui caressait doucement, tendrement les cheveux et lui donnait de ses lèvres rouges et souples des baisers au milieu du front. Et elle était belle, sa mère, belle comme la fée dans le conte d'Andersen, et elle portait une étrange couronne sur sa riche chevelure qui descendait à flots.

Et la regarder était si bienfaisant...

⌒

C'est ainsi que la pauvre petite Élisabeth eut une plus belle fête de Noël que les enfants riches et comblés dans leurs maisons scintillantes.

Elle était très heureuse. Et ce bonheur, tandis qu'elle dormait ainsi aux pieds de la madone, illuminait son petit visage. Ses petites mains étaient fermement, fidèlement jointes, et de la statue de pierre coulait sur l'enfant souriant une ombre noire, comme si la miséricordieuse Reine du Ciel eût étendu sur elle un voile protecteur.

Le petit arbre, dans sa splendeur qui s'éteignait peu à peu, jeta un dernier rayon vif et clair, et la neige commença à tomber, lentement, avec solennité, comme si toutes les étoiles avaient vogué jusque sur la Terre.

⌒

Deux orphelins, tard dans cette nuit de Noël, sortirent de la ville et traversèrent la forêt en direction du village. Et, hors d'haleine, les yeux brillants, ils racontèrent au curé du village :

« Nous avons vu l'Enfant Jésus, au milieu de la forêt. Il était couché à côté d'un petit arbre qui répandait une lumière magnifique et il se reposait. Et il était beau, l'Enfant Jésus, tellement beau... »

Rainer Maria Rilke, « L'Enfant Jésus », dans *Œuvres en prose*, traduit de l'allemand par Claude Porcell, Paris, Gallimard, « La Pléiade », 1993 [1893 pour l'édition originale allemande], p. 81-84.

II

NOËL DE LA FICTION

9

Noël sur le Rhin
(1922)

Luigi Pirandello

À Rome où il jouissait d'une réputation considérable en tant qu'auteur de théâtre, le Sicilien Luigi Pirandello conçut un jour le projet de rassembler toutes les nouvelles qu'il avait écrites jusqu'alors et d'écrire celles qu'il manquerait au compte afin d'en proposer au lecteur trois cent soixante-cinq, soit une nouvelle pour chaque jour de l'année. Il ne vint pas à bout de l'entreprise, mais laissa tout de même à sa mort un vaste corpus de deux cent trente-sept nouvelles, réunies par ses soins, de son vivant, en 14 volumes. Quel trésor déjà ! Ces nouvelles, précisait Pirandello à l'époque, n'ont rien à voir avec les saisons ou les fêtes de l'année. Certes. Mais il faut croire que Noël est un moment de l'année suffisamment fort pour fixer le cadre de certaines d'entre elles qui ne sauraient être lues hors de leur contexte. C'est le cas de «Un Noël sur le Rhin». La présence d'un hôte étranger donne envie à la maîtresse de maison de faire plaisir à ses trois petites filles et de fêter de nouveau Noël après un veuvage de deux ans. Mais pourquoi un deuil aussi long ? Et la joie sera-t-elle au rendez-vous ?

Noël sur le Rhin

$\mathcal{S}$I Noël n'était plus fêté depuis deux ans chez les L***, c'était en signe de deuil après la mort violente du second mari de Mme Alvina, la mère de Jenny. Ayant mené une vie des plus désordonnées, M. Frick L*** s'était tué d'une balle de revolver dans la tempe à Neuwied, sur la rive droite du Rhin. Jenny m'avait raconté plusieurs fois les cruels détails de ce suicide suivi d'une série d'*horribles* scènes de famille et m'avait décrit avec tant de vérité la personne et les manières de son beau-père qu'il me semblait presque l'avoir connu. J'avais lu sa dernière lettre à sa femme, écrite à Neuwied où il s'était rendu pour accomplir son effroyable projet et je ne me souvenais pas d'avoir jamais lu de plus belles et de plus sincères paroles d'adieu et de repentir. Neuwied a la réputation d'être le lieu d'où l'on jouit mieux que de partout ailleurs dans la région rhénane du lever du soleil. «J'ai tout vu et tout éprouvé, écrivait le mari à sa femme, sauf une seule chose: en quarante ans de vie je n'ai jamais assisté à la naissance du jour. De la rive j'assisterai demain à ce spectacle qu'une nuit très sereine me promet d'un charme extraordinaire. Je verrai naître le soleil et sous le baiser de son premier rayon je mettrai un terme à ma vie.»

– Demain nous achèterons l'arbre... continua Jenny. Le caisson existe, il est en haut dans la mansarde et il doit y avoir dedans les petites ampoules de couleurs, les guirlandes multicolores comme il les a laissées la dernière fois. Car tu sais, l'arbre, c'était lui qui le décorait en secret chaque veille de Noël dans la salle du bas à côté de la salle à manger, et comme il savait bien y faire pour ses petites filles! Il devenait bon une seule fois dans l'année, les soirs comme celui-ci.

Troublée par les souvenirs, Jenny voulut cacher son visage en appuyant son front contre l'accoudoir de mon fauteuil et certainement qu'en silence elle priait.

– Chère Jenny, dis-je attendri, en posant une main sur sa tête blonde.

Quand elle eut cessé de prier, elle avait les yeux pleins de larmes et se rasseyant près de moi elle me dit:

– Nous devenons tous bons avec l'approche de la Sainte Nuit et nous pardonnons! Moi aussi je deviens bonne bien que je me déclare toujours incapable de lui pardonner l'état auquel il nous a réduits... N'en parlons plus. Donc demain, écoute: j'irai d'abord chez Frau R*** ici tout près prendre du sable de son jardin plein mon tablier, nous en remplirons le caisson et y planterons le sapin qu'on nous apportera demain matin tôt, avant le lever des petites. Elles ne doivent s'apercevoir de rien. Puis nous sortirons ensemble acheter les bonbons et les cadeaux à suspendre aux branches, les pommes et les noix. Les fleurs, Frau R*** nous en donnera de sa serre... Tu verras, tu verras comme notre arbre sera beau... Tu es content?

Je hochai plusieurs fois la tête en signe d'acquiescement et Jenny sauta sur ses pieds.

– Laisse-moi m'en aller maintenant... À demain! Sinon ton voisin va penser de vilaines choses sur mon compte. Il est là, tu sais, dans sa chambre et il aura certainement entendu que je suis entrée chez toi...

– Sera-t-il aussi de la fête? demandai-je, contrarié.

– Oh non! Il ira faire la noce, tu verras, avec ses dignes acolytes. Au revoir, à demain.

Jenny s'enfuit sur la pointe des pieds, refermant tout doucement la porte. Et je retombai au pouvoir de mes tristes pensées jusqu'à ce que les intolérables lamentations du vent me chassent du coin du feu. Je m'approchai de la fenêtre et essuyant du doigt la vitre embuée, je me mis à regarder dehors : il neigeait, il neigeait encore à tourbillons.

Ce regard jeté dehors à travers la trace brillante au milieu de la buée me remit soudain en mémoire un souvenir de mes premières années, lorsque petit garçon crédule, la veille de Noël, non comblé par le spectacle de la grande crèche illuminée dans la chambre, je regardais dehors de la même façon, épiant si dans le ciel plein de mystère apparaissait vraiment l'étoile messagère contée par la légende...

Nous achetâmes le lendemain l'arbre sacré à la fête et montâmes dans la mansarde voir quels ornements restés là-haut pouvaient encore servir avant de sortir en acheter d'autres.

Le vieux petit sapin de trois ans en arrière était dans un coin sombre, tout desséché comme un squelette.

– Voilà, dit Jenny, c'est le dernier arbre qu'il ait décoré. Laissons-le là où il l'a laissé, en sorte qu'il n'aura pas tout à fait le sort du petit sapin de Hans Christian Andersen, qui a fini coupé en petits morceaux sous un chaudron[4]. Voici le caisson. Tu vois, il est plein. Espérons que l'humidité n'a pas ôté couleurs et brillant aux boules de verre, aux ampoules.

Tout était en bon état.

---

[4] Allusion au conte d'Hans Christian Andersen, « Le Sapin », paru en 1845.

Plus tard, nous sortîmes Jenny et moi pour acheter jouets et bonbons.

Je me demande, allais-je pensant, jusqu'à quel point le froid intense, le brouillard, la neige, le vent, la désolation de la nature contribuent dans ces pays-ci à rendre la fête de Noël plus recueillie et profonde, plus suavement mélancolique, poétique et religieuse que chez nous.

Le soir, à peine les fillettes étaient-elles au lit qu'ayant débarrassé la pièce à côté de la salle à manger, nous fîmes descendre, Jenny et moi, le caisson par la domestique. Nous le plaçâmes dans un angle et nous le remplîmes de sable autour du tronc de l'arbre.

Nous en eûmes jusque tard dans la nuit à préparer le sapin qui avait l'air fort satisfait de tous ces ornements et qui s'offrait avec reconnaissance à nos tendres soins, allongeant ses branches pour soutenir les colliers de papier doré et argenté, les guirlandes, les boules, les ampoules, les petites corbeilles de bonbons, les jouets, les noix.

– Non, pas les noix, pensait peut-être le petit sapin. Ces noix ne m'appartiennent pas : ce sont les fruits d'un autre arbre.

Innocent petit sapin! Ne sais-tu pas qu'il s'agit là de notre art le plus répandu : nous rendre plus beaux avec ce qui ne nous appartient pas et que nous n'avons trop souvent pas scrupule à nous approprier le fruit des sueurs d'autrui...

– Attends, l'étoile! s'écria Jenny quand l'arbre fut tout prêt. Nous allions oublier l'étoile!

Je fixai au sommet de l'arbre en m'aidant de l'escabeau une étoile de carton doré.

Nous restâmes longtemps en admiration devant notre œuvre puis nous donnâmes un tour de clé à la porte pour que personne ne voie l'arbre paré avant le lendemain soir et nous allâmes nous coucher en nous promettant pour le lendemain en récompense du froid subi, de la veille et de nos peines les louanges de la mère et la joie des enfants.

Au lieu de cela... Oh non, non, pour Jenny qui avait tant travaillé, pour ces deux pauvres petites filles cette bonne madame Alvina n'aurait pas dû se mettre à pleurer, comme elle fit, le lendemain soir, à la vue du splendide arbre illuminé sur son tapis de fleurs.

Tout s'était si bien passé jusqu'au dernier service, le réveillon de la veille de Noël avec sa tarte aux prunes et l'oie farcie aux marrons. Puis les fillettes s'étaient mises derrière la porte de la chambre où se dressait l'arbre, et leurs mignonnes mains glacées jointes en un geste de prière, elles avaient entonné le chœur très doux et mélancolique :

Stille Nacht, heilige Nacht...

Je n'oublierai jamais cet arbre de Noël que j'avais décoré pour les autres plus que pour moi et cette fête se terminant dans les larmes ; et jamais, jamais ne s'effacera de ma vue le groupe de ces trois petites orphelines accrochées à la robe de leur mère et implorant – papa ! papa ! – tandis que l'arbre sacré chargé de jouets illuminait d'une clarté mystérieuse cette chambre semée de fleurs.

Luigi Pirandello, « Noël sur le Rhin », dans *Nouvelles complètes*, Paris, Gallimard, « Quarto », 2000 [1922 pour l'édition originale italienne], p. 2013-2016.

10

Christmas Pudding
(1960)

Agatha Christie

Le célèbre détective Hercule Poirot ne chôme jamais, même à Noël. Le voici envoyé en mission à King's Lacey, dans un vieux manoir de la campagne anglaise, où il doit récupérer un certain rubis qu'un jeune prince indigène, qui menait grand train à Londres, s'est fait dérober par une aventurière. La dame avait un complice, Desmond Lee Wortley. S'étant fait inviter dans la famille Lacey à Noël, ce dernier cherche maintenant à séduire Sarah, la jeune fille de la maison. Y parviendra-t-il ? En choisissant ce décor et ce moment de l'année, Agatha Christie, de son propre aveu, a d'abord cédé à la nostalgie et au plaisir d'évoquer ses Noëls d'enfant, à Abney Hall, dans le nord de l'Angleterre, et de les transposer dans une intrigue. Ce qui explique sans doute pourquoi l'un de ses personnages, le vieux colonel Lacey, reste très attaché aux traditions, notamment celle qui veut qu'il n'y ait pas de Noël qui vaille sans ce monument de la gastronomie anglaise qu'est le plum-pudding.

Christmas Pudding

C E FUT LE SOIR de tous les préparatifs. Du houx et du gui avaient été rapportés en grande quantité, le sapin avait trouvé sa place à une extrémité du salon. Tout le monde donna un coup de main pour le décorer, pour fixer les branches de houx autour des tableaux et pour suspendre le gui à bonne place dans le hall.

– Je ne croyais pas que des coutumes aussi archaïques se pratiquaient encore, ricana Desmond à l'oreille de Sarah.

– On a toujours fait comme ça chez nous, se défendit-elle.

– Tu parles d'une raison !

– Allons, ne sois pas si rabat-joie, Desmond. Je trouve que c'est assez chouette, moi.

– Ma petite chatte, tu ne vas pas me dire que tu aimes *ça* !

– Non, pas vraiment, mais... un petit peu quand même.

– Qui se sent d'attaque pour braver la neige et aller à la messe de minuit ? demanda Mrs. Lacey à minuit moins 20.

– Pas moi, en tout cas, grommela Desmond. Viens par ici, Sarah.

La main posée sur son bras, il lui fit prendre la direction de la bibliothèque et s'approcha du casier à disques.

– Il y a des limites, chérie, dit-il. La messe de minuit !

– Oui, voulut bien admettre Sarah. Là, vraiment...

Avec force éclats de rire et piétinements, la plupart des autres enfilèrent leur manteau et sortirent. Les deux garçons, Bridget, David et Diana entamèrent sous la neige les dix minutes de marche qui les séparaient de l'église. Les joyeux échos de leurs plaisanteries s'estompèrent au loin.

— La messe de minuit! grogna le colonel Lacey. Jamais mis les pieds là-dedans quand j'étais gamin. Je vous en ficherais, des *messes*! Encore une invention de ces fichus papistes. Oh! je vous demande bien pardon, monsieur Poirot.

— Je vous en prie, fit celui-ci avec un geste de la main. Ne vous mettez pas martel en tête pour moi.

— L'office du matin est bien suffisant pour tout un chacun, à mon avis, continua de ronchonner le colonel. L'office du dimanche dans les règles. Avec «Les anges dans nos campagnes ont entonné l'hymne des cieux» et tous les bons vieux cantiques. Et puis retour à la maison pour le déjeuner de Noël. J'ai raison, pas vrai, Em?

— Oui, mon ami, répondit Mrs. Lacey. C'est ce que *nous*, nous faisons. Mais les jeunes aiment l'office de minuit. D'ailleurs je trouve ça très bien, et qu'ils *veuillent* y aller.

— Sarah et ce type ne veulent pas, eux.

— Là, mon cher, je crois que tu fais erreur. Sarah en *mourait* d'envie. Mais elle n'a pas osé le lui dire.

— Qu'elle s'attache à l'opinion d'un gugusse pareil, ça me dépasse.

— Elle est très jeune, tu sais, fit posément Mrs. Lacey. Vous allez au lit, monsieur Poirot? Bonne nuit. J'espère que vous dormirez bien.

— Et vous, madame? Vous n'allez pas encore vous coucher?

– Pas tout de suite. J'ai encore les bas de Noël des enfants à remplir. Oh! je sais, ils commencent à être grands, maintenant, mais ils *adorent* leur bas de Noël. On ne leur met dedans que des babioles, des bricoles saugrenues. Mais cela amuse tout le monde.

– Vous ne ménagez vraiment pas votre peine pour faire entrer chez vous la joie de Noël, madame, salua Poirot. Honneur à vous.

Il lui prit la main et la monta avec raffinement à ses lèvres.

– Hum! grogna le colonel Lacey alors que Poirot quittait la pièce. Quel phraseur que ce type! Mais... j'ai quand même l'impression que tu as fait sa conquête.

Mrs. Lacey leva les yeux sur lui. De petites fossettes se creusèrent dans ses joues.

– Tu n'as pas remarqué, Horace, que je suis juste sous le gui? demanda-t-elle avec la candeur d'une ingénue énamourée.

Hercule Poirot pénétra dans sa chambre – vaste pièce amplement pourvue en radiateurs. Il se dirigeait vers le lit à colonnes lorsqu'il remarqua une enveloppe posée sur l'oreiller. Il l'ouvrit, en sortit un morceau de papier poisseux. Dessus, une main peu sûre d'elle avait tracé un message en lettres capitales :

MANGEZ PAS UNE MIETTE DU PLUM-PUDDING.

QUELQU'UN QUI VOUS VEUT DU BIEN.

Hercule Poirot considéra le message, les yeux écarquillés. Et ses sourcils se haussèrent.

– Plutôt sibyllin, murmura-t-il. Et tout à fait inattendu.

Le déjeuner de Noël, véritable festin, avait débuté à 2 heures de l'après-midi. De véritables troncs d'arbres brûlaient dans la grande cheminée et leur crépitement n'était recouvert que par le brouhaha des conversations animées. À la soupe aux huîtres avaient succédé deux énormes dindes dont il n'était reparti que les carcasses. À présent, c'était le moment suprême du pudding qu'on apportait en grande pompe. Le vieux Peverell, les mains et les genoux tremblants de la faiblesse de ses quatre-vingts ans, n'avait laissé ce soin à personne. Mrs. Lacey était figée sur son siège, les mains crispées d'appréhension. Un Noël ou l'autre, c'était sûr, il tomberait raide mort. Entre deux risques, celui de le voir tomber raide mort ou celui de le vexer à mort, elle avait jusqu'à ce jour toujours choisi le premier. Sur un plat d'argent, le pudding trônait dans toute sa splendeur. Un pudding gros comme un ballon de football, un rameau de houx planté triomphalement en son sommet comme un étendard et entouré de superbes flammes bleues et rouges. Il fut accueilli par des applaudissements, des oh! et des ah! d'admiration.

Mrs. Lacey avait demandé à Peverell de lui apporter le pudding afin qu'elle puisse le couper, plutôt que de le faire présenter à chacun à tour de rôle autour de la table. Elle poussa un soupir de soulagement quand il arriva en sécurité devant elle. En un rien de temps, les assiettes circulèrent, porteuses de parts encore léchées par les flammes.

– Il faut faire un vœu, monsieur Poirot! s'écria Bridget. Un vœu avant que ça s'éteigne. Vite, grand-mère chérie, vite.

Mrs. Lacey put se détendre sur sa chaise avec un soupir de satisfaction. L'Opération Pudding était réussie.

Une portion encore flambante se trouvait devant tous les convives. Un bref silence régna sur la table au moment où chacun formula son vœu.

Personne ne remarqua l'expression un peu étrange que prit M. Poirot lorsqu'il contempla le morceau qu'il avait dans son assiette. *Mangez pas une miette du plum-pudding.* Que diable signifiait ce sinistre avertissement ? Cette part ne pouvait être différente de celle des autres ! Vexé de ne pouvoir percer ce mystère – Hercule Poirot avait horreur qu'un mystère lui résiste –, il s'empara de sa cuiller et de sa fourchette.

– On l'arrose un peu, monsieur Poirot ?

Poirot se servit à satiété de l'odorante sauce alcoolisée.

– On m'a encore chapardé mon meilleur brandy, pas vrai, Em ? s'écria gaiement le colonel à l'autre bout de la table.

Mrs. Lacey lui adressa un petit clin d'œil :

– Mrs. Ross est intraitable sur la qualité, très cher. Elle dit que ça fait toute la différence.

– Bon, bon, se résigna le colonel, Noël ne vient qu'une fois dans l'année, et puis Mrs. Ross est une femme formidable. Une femme formidable et une formidable cuisinière.

– Ah ! ça oui, renchérit Colin. Il est vachement bon, ce plum-pudding. Mmmm.

Et il s'emplit la bouche avec délices.

Doucement, presque précautionneusement, Hercule Poirot s'attaqua à sa part. Il en grignota une bouchée. Délicieux ! Puis une autre. Il allait passer à la troisième quand un tintement léger, au fond de son assiette, lui fit suspendre son geste. Il chercha avec sa fourchette. Bridget, qui était à sa gauche, vint à son aide :

– Vous avez trouvé quelque chose, monsieur Poirot ?
[...]

Des tartelettes aux fruits secs et autres desserts tra-
ditionnels de Noël suivirent le pudding. Les plus âgés
des convives s'étaient retirés pour une sieste répara-
trice avant le cérémonial, à l'heure du thé, de l'illumination du sapin. Hercule Poirot ne fit pas la sieste. Au
lieu de cela, il se rendit jusqu'à l'immense et antique
cuisine.

– M'est-il permis, demanda-t-il en regardant à la
ronde avec un large sourire, de féliciter la cuisinière pour
ce merveilleux repas que je viens de faire ?

Il y eut un instant de silence, puis Mrs. Ross s'avança
vers lui d'un pas majestueux. C'était une grande et forte
personne au port noble, digne comme une duchesse de
théâtre. Deux autres femmes, maigres et grisonnantes,
s'activaient à la vaisselle dans la souillarde tandis qu'une
fille aux cheveux filasse faisait la navette. Mais celles-
là n'étaient de toute évidence que des secondes mains.
Mrs. Ross régnait en maître sur les cuisines.

– Ravie que vous ayez aimé, monsieur, condescendit-
elle à articuler.

– Aimé ! s'écria-t-il avec le geste extravagant et si peu
anglais de porter sa main à ses lèvres, d'y déposer un baiser et de l'envoyer voleter vers le plafond. Mais vous êtes
un génie, Mrs. Ross, un véritable génie ! Je n'ai *jamais*
rien mangé d'aussi délicieux. Cette soupe aux huîtres – il
émit un petit bruit de gourmet avec sa bouche – et cette
farce ! Cette farce aux marrons, dans la dinde, a été pour
moi une véritable révélation.

– Ah ! c'est drôle que vous disiez cela, répondit-elle,
parce qu'il s'agit justement d'une recette spéciale. Elle
me vient d'un chef autrichien avec qui j'ai travaillé il y a

des années. Mais tout le reste, c'est de la bonne cuisine purement anglaise.

– Existe-t-il rien de meilleur ? risqua Hercule Poirot.

– Vous êtes bien aimable, monsieur. Évidemment, étant étranger, vous auriez peut-être préféré un style de plats plus continental. Ce n'est pas que je ne sache pas les préparer, notez.

– Je suis certain que vous savez tout faire, Mrs. Ross ! D'ailleurs vous n'ignorez sûrement pas que la cuisine anglaise – la *bonne*, j'entends, pas celle qu'on sert dans les hôtels ou les restaurants de second ordre – est très appréciée des gourmets du continent. Je ne pense pas me tromper en vous signalant qu'au cours d'une mission spéciale effectuée à Londres au début des années 1800, un rapport a été rédigé et envoyé en France sur l'excellence des puddings anglais. « Nous n'avons rien d'équivalent chez nous, était-il écrit. Leur variété et leur excellence valent à elles seules le déplacement. » Et le roi de tous les puddings, poursuivit Poirot à présent lancé dans une sorte de dithyrambe, c'est le plum-pudding de Noël comme celui que nous avons dégusté aujourd'hui – c'est-à-dire fait à la maison, pas acheté dans le commerce. Parce que c'était le cas, n'est-ce pas ?

– Ah ! ça oui, monsieur. C'est ma fabrication et ma recette à moi, la même depuis des années. Quand je suis arrivée, Mrs. Lacey m'a dit qu'elle en avait commandé un dans un magasin de Londres pour m'épargner la peine de le confectionner. Pas question, madame, que j'ai répondu. C'est gentil à vous, mais les puddings qu'on achète, ça ne vaut jamais ceux qu'on fait soi-même. Remarquez, poursuivit-elle en véritable artiste passionnée par son sujet, il était un peu trop jeune. Un bon plum-pudding devrait être fait plusieurs semaines à l'avance et laissé à reposer. Plus il attend – dans les limites du raisonnable, bien sûr –, meilleur il est. Je me rappelle que, quand j'étais gamine, on allait à l'église tous les dimanches et on attendait la collecte qui commence par «Lève-toi ô Seigneur, nous t'en supplions» parce que c'était le signal, en quelque sorte, que les puddings devaient être faits dans la semaine. Et ils l'étaient toujours. Le dimanche où venait la fameuse oraison, on pouvait être sûrs de voir ma mère s'attaquer aux puddings de Noël. On aurait dû faire pareil ici cette année, mais celui-ci n'a été préparé qu'il y a trois jours, la veille de votre arrivée. J'ai quand même respecté la tradition : chacun dans la maison a dû passer par la cuisine, donner un tour de cuiller à la pâte et faire un vœu. C'est une vieille coutume, voyez-vous, et je l'ai toujours respectée.

– Très intéressant, fit Poirot, très intéressant. Ainsi, tout le monde est passé par la cuisine ?

– Oui. Les jeunes messieurs, Bridget, le monsieur de Londres qu'est ici en ce moment, sa sœur, Mr. David, miss Diana – Mrs. Middleton, je devrais dire. Tous ils ont donné leur tour de cuiller, tous.

– Combien de puddings avez-vous faits ? Celui-ci était-il le seul ?

– Non, j'en ai fait quatre. Deux grands et deux plus petits. Le second des grands était prévu pour le Jour de l'An, les deux petits pour le colonel et Mrs. Lacey quand ils seront seuls, quoi, quand il y aura moins de monde dans la famille.

– Je vois, je vois, dit Poirot.

– En fait, monsieur, poursuivit Mrs. Ross, ce n'est pas le bon pudding que vous avez eu au déjeuner, aujourd'hui.

– Pas le bon pudding ? répéta Poirot en fronçant le sourcil. Comment cela ?

– Voilà. Nous avons un grand moule spécial pour Noël, un moule en porcelaine décoré sur son bord d'une frise de houx et de gui et dans lequel nous mettons le pudding au bain-marie. Or, on a eu un petit malheur, ce matin. Annie a voulu le descendre de l'étagère du garde-manger, il lui a échappé, il est tombé et s'est cassé. Évidemment, je ne pouvais plus servir ce pudding, il aurait pu y avoir des éclats dedans. Il a donc fallu prendre l'autre, celui du Jour de l'An qui était dans un moule ordinaire. Il fait une jolie boule, mais ne présente pas aussi bien que celui de Noël. Je me demande d'ailleurs si nous pourrons en retrouver un pareil. On n'en fabrique plus d'aussi grands de nos jours – rien que des petits trucs microscopiques. Quand on pense qu'il est déjà impossible de dégoter fût-ce un plat qui contienne huit ou dix œufs et le bacon pour le petit déjeuner, vous imaginez un moule à pudding ! Ah ! Les choses ne sont plus ce qu'elles étaient.

– Non, c'est sûr. Sauf aujourd'hui. Aujourd'hui, nous avons eu un vrai Noël comme dans le bon vieux temps.

Mrs. Ross poussa un soupir :

– Je suis bien aise que vous disiez ça, monsieur, seulement vous voyez, je ne suis plus secondée comme avant. Je ne parle pas des gens qualifiés. Les domestiques, de nos jours...

Elle baissa quelque peu la voix :

– Elles sont braves comme tout et pleines de bonne volonté, mais on ne les a pas *formées*, si vous voyez ce que je veux dire.

– Les temps changent, oui, convint Hercule Poirot. Moi aussi, cela me désole parfois.

– Cette maison, je vais vous dire, elle est trop grande pour madame et le colonel. Madame le sait, d'ailleurs.

En occuper juste un petit coin comme ils font, ce n'est pas une solution. La maison ne vit, en quelque sorte, qu'au moment de Noël quand toute la famille vient.

– C'est la première fois, si je ne me trompe, que Mr. Lee-Wortley et sa sœur sont présents?

– Oui, monsieur.

Une légère réserve pointa dans sa voix:

– Il est bien gentil, mais... nous, ici, on trouve que ce n'est pas vraiment quelqu'un pour miss Sarah. C'est vrai qu'à Londres on ne voit pas les choses de la même manière. Et sa sœur, pauvrette, une si petite santé! Une opération, qu'elle a eue. Elle paraissait bien, le jour qu'elle est arrivée, et puis l'autre fois, juste après avoir tourné les puddings, elle s'est trouvée de nouveau mal et elle n'a plus bougé de son lit depuis. Moi, je crois qu'on a dû la lever trop tôt, à l'hôpital. Ah! ces docteurs de maintenant, ils vous renvoient chez vous avant même que vous puissiez mettre un pied devant l'autre. Tenez, c'est comme la femme à mon propre neveu...

Sur quoi Mrs. Ross se lança dans un long récit plein de verve des traitements hospitaliers subis par des membres de sa famille, sans comparaison avec les soins attentifs qu'on prodiguait dans l'ancien temps.

Poirot lui exprima la compassion de circonstance.

– En tout cas, ajouta-t-il, il me reste à vous remercier pour ce délicieux et somptueux repas. Me permettrez-vous ce petit hommage destiné à exprimer ma reconnaissance?

Un billet de cinq livres tout craquant de neuf passa de sa main dans celle de Mrs. Ross.

– Voyons, il ne faut pas faire de telles folies, monsieur, balbutia-t-elle sans trop de conviction.

– Si, si, j'insiste.

– C'est vraiment très aimable à vous, fit-elle en acceptant la gratification comme rien d'autre que son dû. Je
vous souhaite un Joyeux Noël et une excellente Nouvelle
Année. [...]

Agatha Christie, *Christmas Pudding et autres surprises du chef*, dans *Œuvres
complètes*, Paris, Éditions du Masque, vol. 11 : les années 1958-1964, 1998
[1960 pour l'édition originale anglaise], p. 268-273.

11

Nuit de Noël
(1882)

Guy de Maupassant

Maupassant a été le disciple de Flaubert. Tous deux étaient de Normandie. Tous deux ont saisi la réalité à bras-le-corps et posé un regard sans complaisance sur leurs contemporains, tous milieux confondus. Là s'arrête la comparaison. Le premier, bon vivant, à la plume prolixe, aime la vie en joyeuse société, où il oublie souvent sa table de travail, et meurt fou. Le second, solitaire, ironique, parfois amer, cisèle ses phrases dans la douleur et fait vœu de tout sacrifier à l'Art. Moyennant quoi, la postérité a tranché : Flaubert est un grand écrivain, mais c'est Maupassant qui est aimé des foules, lui dont l'œuvre abondante ne cesse de faire l'objet d'adaptations au cinéma et à la télévision. Le conte qu'on va lire n'a pas besoin d'un écran, grand ou petit, pour faire lever des images sous les yeux du lecteur. Quelques traits de plume suffisent à faire surgir la scène. Est-il radin, est-il généreux, le père Templier qui raconte à ses amis pourquoi il ne veut plus entendre parler de l'idée du réveillon ? C'est que la tradition d'hospitalité lui a jadis joué un bien vilain tour. Lequel ? Une fois de plus, la verve de Maupassant fait des merveilles. Est bien pris qui croyait prendre. Et que le roué du début soit finalement celui qui écope ne fait que réintroduire un peu de justice dans ce bas monde, où elle fait souvent défaut.

Nuit de Noël

VOUS VOUS RAPPELEZ comme il faisait froid, voici deux ans, à cette époque ; un froid à tuer les pauvres dans la rue. La Seine gelait ; les trottoirs glaçaient les pieds à travers les semelles des bottines ; le monde semblait sur le point de crever.

J'avais alors un gros travail en train et je refusais toute invitation pour le réveillon, préférant passer la nuit devant ma table. Je dînai seul, puis je me mis à l'œuvre. Mais voilà que, vers dix heures, la pensée de la gaieté courant Paris, le bruit des rues qui me parvenait malgré tout, les préparatifs de souper de mes voisins, entendus à travers les cloisons, m'agitèrent. Je ne savais plus ce que je faisais ; j'écrivais des bêtises et je compris qu'il fallait renoncer à l'espoir de produire quelque chose de bon cette nuit-là.

Je marchai un peu à travers ma chambre. Je m'assis, je me relevai. Je subissais, certes, la mystérieuse influence de la joie du dehors, et je me résignai.

Je sonnai ma bonne et je lui dis : « Angèle, allez m'acheter de quoi souper à deux : des huîtres, un perdreau froid, des écrevisses, du jambon, des gâteaux. Montez-moi deux bouteilles de champagne ; mettez le couvert et couchez-vous. »

Elle obéit, un peu surprise. Quand tout fut prêt, j'endossais mon pardessus, et je sortis.

Une grosse question restait à résoudre : avec qui allais-je réveillonner ? Mes amies étaient invitées partout. Pour en avoir une, il aurait fallu m'y prendre d'avance. Alors, je songeai à faire en même temps une bonne action. Je me dis : Paris est plein de pauvres et belles filles qui n'ont pas un souper sur la planche, et qui errent en quête d'un garçon généreux. Je veux être la providence de Noël d'une de ces déshéritées.

Je vais rôder, entrer dans les lieux de plaisir, questionner, chasser, choisir à mon gré.

Et je me mis à parcourir la ville.

Certes, je rencontrai beaucoup de pauvres filles cherchant aventure, mais elles étaient laides à donner une indigestion, ou maigres à geler sur pied si elles s'étaient arrêtées.

J'ai un faible, vous le savez, j'aime les femmes nourries. Plus elles sont en chair, plus je les préfère. Une colosse me fait perdre la raison.

Soudain, en face du théâtre des Variétés, j'aperçus un profil à mon gré. Une tête, puis, par devant, deux bosses, celle de la poitrine, très belle, celle du dessous surprenante : un ventre d'oie grasse. J'en frissonnais, murmurant : Sacristi, la belle fille ! Un point me restait à éclaircir : le visage.

Le visage, c'est le dessert ; le reste, c'est... c'est le rôti.

Je hâtai le pas, je rejoignis cette femme errante, et sous un bec de gaz, je me retournai brusquement.

Elle était charmante, toute jeune, brune, avec de grands yeux noirs.

Je fis ma proposition qu'elle accepta sans hésiter.

Un quart d'heure plus tard, nous étions attablés dans mon appartement.

Elle dit en entrant : « Ah ! On est bien ici. »

Et elle regarda autour d'elle avec la satisfaction visible d'avoir trouvé la table et le gîte en cette nuit glaciale. Elle était superbe, tellement jolie qu'elle m'étonnait, et grosse à ravir mon cœur pour toujours.

Elle ôta son manteau, sans chapeau; s'assit et se mit à manger; mais elle ne paraissait pas en train, et parfois sa figure un peu pâle tressaillait comme si elle eût souffert d'un chagrin caché.

Je lui demandai: «Tu as des embêtements?»

Elle répondit: «Bah! oublions tout.»

Et elle se mit à boire. Elle vidait d'un trait son verre de champagne, le remplissait et le revidait encore, sans cesse.

Bientôt un peu de rougeur lui vint aux joues et elle commença à rire.

Moi, je l'adorais déjà, l'embrassant à pleine bouche, découvrant qu'elle n'était ni bête, ni commune, ni grossière comme les filles du trottoir. Je lui demandai des détails sur sa vie. Elle répondit: «Mon petit, cela ne te regarde pas!»

Hélas! une heure plus tard...

Enfin, le moment vint de se mettre au lit, et, pendant que j'enlevais la table dressée devant le feu, elle se déshabilla vivement et se glissa sous les couvertures.

Mes voisins faisaient un vacarme affreux, riant et chantant comme des fous, et je me disais: «J'ai eu rudement raison d'aller chercher cette belle fille; je n'aurais jamais pu travailler.»

Un profond gémissement me fit me retourner. Je demandai: «Qu'as-tu, ma chatte?» Elle ne répondit pas, mais elle continuait à pousser des soupirs douloureux, comme si elle eût souffert horriblement.

Je repris: «Est-ce que tu te trouves indisposée?»

Et soudain elle jeta un cri, un cri déchirant. Je me précipitai, une bougie à la main.

Son visage était décomposé par la douleur, et elle se tordait les mains, haletante, envoyant du fond de sa gorge ces sortes de gémissements sourds qui semblent des râles et qui font défaillir le cœur.

Je demandai, éperdu : « Mais qu'as-tu ? dis-moi, qu'as-tu ? »

Elle ne répondit pas et se mit à hurler.

Tout à coup les voisins se turent, écoutant ce qui se passait chez moi.

Je répétai : « Où souffres-tu, dis-moi, où souffres-tu ? »

Elle balbutia : « Oh ! mon ventre ! mon ventre ! »

D'un seul coup je relevai la couverture, et j'aperçus...

Elle accouchait, mes amis.

Alors je perdis la tête ; je me précipitai sur le mur que je heurtai à coups de poing, de toute ma force, en vociférant : « Au secours, au secours ! »

Ma porte s'ouvrit ; une foule se précipita chez moi, des hommes en habit, des femmes décolletées, des Pierrots, des Turcs, des mousquetaires. Cette invasion m'affola tellement que je ne pouvais même plus m'expliquer. [...]

Quand je revins avec le docteur, toute ma maison était debout ; on avait rallumé le gaz de l'escalier ; les habitants de tous les étages occupaient mon appartement ; quatre débardeurs attablés achevaient mon champagne et mes écrevisses.

À ma vue, un cri formidable éclata, et une laitière me présenta dans une serviette un affreux petit morceau de chair, ridée, plissée, geignante, miaulant comme un chat, et elle me dit : « C'est une fille. » [...]

Je passai la nuit dans un fauteuil, trop éperdu pour réfléchir aux suites.

Dès le matin, le médecin revint. Il trouva la malade assez mal.

Il me dit : «Votre femme, monsieur...»

Je l'interrompis : «Ce n'est pas ma femme.»

Il reprit : «Votre maîtresse, peu m'importe.» Et il énuméra les soins qu'il lui fallait, le régime, les remèdes.

Que faire? Envoyez cette malheureuse à l'hôpital. J'aurais passé pour un manant dans toute la maison, dans tout le quartier.

Je la gardai. Elle resta dans mon lit six semaines.

L'enfant? Je l'envoyai chez des paysans de Poissy. Il me coûte encore cinquante francs par mois. Ayant payé dans le début, me voici forcé de payer jusqu'à ma mort.

Et plus tard, il me croira son père.

Mais, pour comble de malheur, quand la fille a été guérie... elle m'aimait..., elle m'aimait éperdument, la gueuse.

– Eh bien?

– Eh bien, elle était devenue maigre comme un chat de gouttière, et j'ai flanqué dehors cette carcasse qui me guette dans la rue, se cache pour me voir passer, m'arrête le soir, quand je sors, pour me baiser la main, m'embête enfin à me rendre fou.

Et voilà pourquoi je ne réveillonnerai plus jamais.

Guy de Maupassant, «Nuit de Noël», dans *Contes et nouvelles 1875-1884*, Paris, Robert Laffont, «Bouquins», 1988 [1882], p. 340-343.

12

À Noël

(1900)

Anton Tchekhov

D'autres l'ont dit, Tchekhov excelle à évoquer le monde des humbles et des sans-voix, aux souffrances souvent sans écho. Est-ce bonté? Sentiment d'humanité? Répit accordé à la dureté de l'existence? La période de Noël est souvent propice aux petits miracles quotidiens. Dans la nouvelle qu'on va lire, l'un de ceux-ci prend la forme d'une lettre que reçoit une jeune femme qui se croit oubliée de ses parents, restés au village, alors qu'eux-mêmes se croient oubliés de leur fille, partie s'établir à Saint-Pétersbourg après son mariage. À qui la faute? À un gendre négligent, ambitieux et qui, surtout, a un peu honte des origines paysannes de sa femme. Mais le lecteur qui aura la curiosité de lire cette nouvelle dans son intégralité verra que l'écrivain public auquel les deux paysans font appel n'est pas sans reproche non plus. La nouvelle de Tchekhov redit le pouvoir des mots. Elle dit aussi l'infinie tristesse qui naît du silence, ou pire: de la non-communication que masque parfois l'usage des mots. Mais contre cela, Noël ne peut rien.

À Noël

QUE FAUT-IL LUI DIRE?» demanda Iégor en trempant sa plume dans l'encrier.

La Vassilissa n'avait pas vu sa fille Iéfimia depuis quatre ans. Après son mariage, celle-ci était partie à Pétersbourg avec son mari, avait écrit deux fois puis cela avait été le silence des grands lacs: elle n'avait plus donné signe de vie. Et que la vieille femme fût en train de traire sa vache à l'aube, d'allumer le poêle ou, la nuit, de somnoler, elle ne pensait qu'à une seule chose: que faisait Iéfimia là-bas, était-elle en vie? Il aurait fallu lui envoyer une lettre, mais son vieux ne savait pas écrire, et elle n'avait personne à qui le demander.

Puis Noël était venu et la Vassilissa, n'y tenant plus, s'était rendue chez Iégor, l'aubergiste, le frère de sa propriétaire qui, depuis son retour du service, restait sans sortir de son auberge, à ne rien faire; on disait qu'il était capable de tourner convenablement une lettre, à condition de le payer ce qu'il fallait. La Vassilissa en avait parlé à la cuisinière, puis à sa propriétaire, puis à Iégor lui-même. Ils étaient tombés d'accord sur quinze kopeks.

Et maintenant – cela se passait le deuxième jour des fêtes de Noël – Iégor était assis à la table, dans la cuisine de l'auberge, une plume à la main. La Vassilissa se tenait devant lui, songeuse, l'air soucieux et affligé. Elle était accompagnée de Piotr, son vieux mari, un homme très maigre, grand, chauve, le crâne tout bronzé; il avait le regard fixe et droit comme un aveugle. Un rôti de porc à la casserole cuisait sur la plaque ; il grésillait, pétillait, et semblait même dire : « fliou-fliou-fliou ». L'atmosphère était étouffante.

« Que faut-il lui écrire ? » redemanda Iégor. [...]

∽

L'établissement hydrothérapique du docteur Mosel-weiser était ouvert le Premier de l'An comme les autres jours, simplement le portier, Andréï Chrisanfytch, avait des galons neufs à son uniforme, des bottes particulièrement brillantes et accueillait tous les arrivants en leur souhaitant une bonne et heureuse année.

C'était le matin. Andréï Chrisanfytch, debout devant la porte, lisait le journal. À dix heures précises il vit arriver un général qu'il connaissait bien, un habitué, suivi du facteur. Le portier débarrassa le général de sa capote et dit :

« Bonne et heureuse année, Votre Excellence !

– Merci, mon ami. Je t'en souhaite autant. »

En montant l'escalier, le général désigna une porte du menton et demanda (il le demandait à chaque fois et l'oubliait aussitôt) :

« Qu'est-ce que c'est que cette pièce ?

– La salle de massage, Votre Excellence. »

Quand le pas du général se fut évanoui, Andréï Chrisanfytch examina le courrier et trouva une lettre à son nom. Il la décacheta, lut quelques lignes, puis, sans se presser, tout en parcourant des yeux le journal, il se rendit dans sa chambre qui se trouvait au rez-de-chaussée même, au bout du couloir. Sa femme Iéfimia, assise sur son lit, donnait la tétée à son bébé ; un deuxième enfant, l'aîné, se tenait à côté d'elle, sa tête bouclée posée sur les genoux de sa mère, un troisième dormait dans le lit.

En entrant, Andréï tendit la lettre à sa femme et dit : « Ça doit venir du village. »

Puis, sans quitter son journal des yeux, il sortit et s'arrêta dans le couloir, non loin de la porte de sa chambre. Il entendit Iéfimia lire les premières lignes de la lettre d'une voix tremblante. Elle ne put continuer ; il lui suffisait de ces premières lignes, elle fondit en larmes et, serrant son aîné dans ses bras, le couvrant de baisers, elle se mit à parler, et l'on ne savait pas si elle pleurait ou si elle riait.

« C'est de grand-mère, de grand-père... disait-elle. Du village... Reine des Cieux, Saints du Paradis ! En ce moment, là-bas, il y a de la neige jusqu'au toit... Les arbres sont tous blancs. Les petits enfants font de la luge... Et grand-père, qui est tout chauve, est sur le poêle... Et il y a un toutou jaune... Oh ! mes parents chéris... »

En entendant cela, Andréï Chrisanfytch se souvint qu'à trois ou quatre reprises sa femme lui avait donné des lettres et lui avait demandé de les mettre à la poste, mais des affaires importantes l'en avaient empêché : il ne les avait pas portées, elles traînaient quelque part.

« Et les lièvres courent dans la campagne, disait Iéfimia, toute baignée de larmes, poursuivant sa litanie et embrassant son petit. Grand-père est tranquille, bon, grand-mère aussi, elle est bonne, compatissante. Au village, on vit bien d'accord, on respecte le Seigneur... Il y a une petite église, des paysans qui chantent dans le chœur. Emmène-nous d'ici, Reine des Cieux, Mère Protectrice.

Andréï Chrisanfytch rentra dans sa chambre pour y fumer une cigarette en attendant l'arrivée du prochain client et Iéfimia se tut aussitôt, se calma et essuya ses larmes ; seules ses lèvres tremblaient. Elle craignait beaucoup son mari. Ah, ce qu'elle le craignait ! Le bruit de ses pas, son regard, la faisaient frémir, la remplissaient d'épouvante, en sa présence elle n'osait pas dire un mot.

Il alluma une cigarette mais, juste à ce moment, on sonna. Il éteignit sa cigarette et, prenant une mine grave, courut à la grande porte.

Le général descendit, le teint rose, rafraîchi par le bain.

«Et dans cette chambre, qu'est-ce qu'il y a?» demanda-t-il en montrant une porte.

Andréï Chrisanfytch rectifia la position, la main sur la couture du pantalon, et répondit d'une voix forte:

«La douche Charcot, Excellence.»

Anton Tchekhov, «À Noël», dans *Œuvres*, trad. du russe par Madeleine Durand, Édouard Parayre, André Radiguet et Elsa Triolet et révisé par Lily Denis, Paris, Gallimard, «La Pléiade», 1971 [1900 pour l'édition russe originale], t. III, *Récits de 1892-1903*, p. 909-914.

13

Le dîner de Babette

(1958)

Karen Blixen

Karen Dinesen est née en 1885 au Danemark, et c'est sous son nom d'épouse que nous la connaissons aujourd'hui, même si ses premiers contes, délicieusement étranges, parurent en anglais, sous le pseudonyme d'Isak Dinesen. En 1937, *La ferme africaine*, qui puise dans son expérience de l'Afrique pour raconter un échec, fut un immense succès qui la fit connaître en Europe et aux États-Unis. Le cinéma s'est emparé avec bonheur d'une des meilleures nouvelles de Karen Blixen, *Le dîner de Babette*. Sait-on assez à quel point un repas réussi est un moment de civilisation? Cette nouvelle achèvera de convaincre ceux qui en doutaient encore. Mais comment diable peut-on faire aussi bonne chère dans cette maison sévère, dans ce village médisant, dans ce rude pays, où toute joie semble absente? *Le dîner de Babette*, c'est l'histoire d'un don, qui renvoie à la générosité d'une cuisinière envers ses maîtres tout autant qu'à celle de l'artiste envers son public, et qui appelle à son tour la générosité de ceux qui le reçoivent. Don et contre-don: le miracle de Noël et le miracle des sens comblés se télescopent aux confins du monde connu, dans ces contrées du Septentrion où le calvinisme a imposé sa loi austère. La démonstration a lieu sous les yeux ébahis d'un vieux général qui n'ose croire à son bonheur.

Le dîner de Babette

*L*ORSQUE TOUT LE MONDE FUT ASSIS, un des membres de la communauté, le plus ancien, rendit grâce, en récitant le verset composé par le pasteur lui-même :
Puisse ce repas maintenir la force de mon corps,
Puisse mon corps soutenir les forces de mon âme,
Puisse mon âme, en actes et en paroles,
Louer le Seigneur pour tous ses bienfaits !
Au mot de «repas», les invités inclinèrent leur tête sur leurs mains jointes, se rappelant qu'ils avaient promis de ne pas dire un mot concernant la nourriture, et ils renouvelèrent cette promesse dans leur cœur. Ils n'accorderaient même pas une pensée à ce qu'on leur servirait.

Ils étaient installés autour d'une table servie... Eh bien ! n'avait-on pas fait de même aux Noces de Cana ? Et la Grâce avait choisi de se manifester à ces noces, dans le vin même, plus abondante que jamais.

«Le familier» de Babette remplit les verres. Les hôtes les portèrent gravement à leurs lèvres pour confirmer leur résolution. Le général Löwenhielm, qui se méfiait un peu de ce vin, en prit une gorgée, s'arrêta, éleva son verre jusqu'à son nez, puis jusqu'à ses yeux : il était stupéfait.

«Ceci est fort étrange, pensa-t-il, voilà de l'"Amontillado", et le meilleur Amontillado que j'aie dégusté de ma vie.»

Un peu plus tard, pour se remettre de sa surprise, il prit une cuillerée de potage, en prit une seconde, puis il déposa sa cuiller. «Étrange! De plus en plus étrange! murmura-t-il, car il est évident que je mange un potage à la tortue, et quel potage!» Pris d'une sorte de curieuse panique, le général vida son verre.

Les habitants de Berlewaag n'avaient pas l'habitude de beaucoup parler en mangeant, mais les langues se délièrent en quelque sorte ce soir-là. Un vieux frère raconta sa première rencontre avec le pasteur; un autre parla du sermon qui l'avait converti soixante ans plus tôt. Une femme âgée, celle qui avait reçu les confidences de Martine concernant ses inquiétudes, rappela à ses amis que, dans l'affliction, le devoir de tous les frères et de toutes les sœurs leur commandait de partager avec empressement les fardeaux des autres.

Le général Löwenhielm, qui devait diriger la conversation, dit que le recueil de sermons du pasteur était un des livres préférés de la reine. Mais l'arrivée d'un nouveau plat réduisit le général au silence.

«Incroyable! Incroyable! se disait-il *in petto*, ce sont des blinis Demidoff!»

Il jeta un regard sur les autres convives : ils mangeaient paisiblement leurs blinis Demidoff, sans le moindre signe de surprise ou d'approbation, comme s'ils n'avaient fait que cela tous les jours pendant trente ans.

De l'autre côté de la table, une sœur évoqua des faits étranges qui s'étaient passés au temps où le pasteur était encore parmi ses enfants et qu'on pourrait qualifier de miracles.

Les autres se rappelaient-ils que le pasteur avait promis de faire un sermon de Noël dans un village situé de l'autre côté du fjord? Il avait fait si mauvais temps pendant quinze jours que pas un marin, pas un pêcheur, ne se risqua à faire la traversée. Le village perdit tout espoir de voir arriver le prédicateur. Mais celui-ci annonça que, si aucune barque ne le transportait, il marcherait sur la mer.

– Et vous en souvenez-vous? La veille de Noël, la tempête cessa, le gel s'installa, et le fjord ne fut plus qu'une glace d'une rive à l'autre. La chose ne s'était pas produite de mémoire d'homme.

Le serveur remplit les verres une fois de plus.

Cette fois, les frères et les sœurs reconnurent que ce qu'on leur versait n'était pas du vin, car le liquide pétillait: ce devait être une espèce de limonade. Cette limonade convenait parfaitement à l'exaltation de leurs esprits; ils avaient l'impression qu'elle les emportait au-delà de la terre, dans une sphère plus pure, plus éthérée.

Le général Löwenhielm déposa son verre et, se retournant vers son voisin, lui dit: «Voilà certainement du "Veuve Clicquot" 1860!»

Le voisin lui adressa un sourire amical et lui parla du temps qu'il faisait.

Le serveur de Babette avait reçu ses ordres précis: il ne remplit qu'une seule fois les verres de la confrérie, mais il remplissait celui du général dès qu'il était vide. Or, le général le vidait coup sur coup.

Car comment faut-il qu'un homme de bon sens se comporte quand il ne peut se fier aux témoignages de ses sens; mieux vaut être ivre que fou [...].

Karen Blixen, *Le dîner de Babette*, traduit du danois par Marthe Metzger, Paris, Gallimard, «Folio», 1961 [1958 pour l'édition danoise originale], p. 59-62.

14

Miousic

(1898)

Alphonse Allais

À Paris, la Belle Époque a coïncidé avec l'âge d'or de la presse. Des centaines de quotidiens, des dizaines de milliers de lecteurs assidus, des rédacteurs réclamant leur copie auprès de plumes mercenaires : voilà qui vous nourrit un écrivain. Alphonse Allais, né en 1854 à Honfleur, mort prématurément en 1905, peut être rangé, de manière tout à fait honorable, dans la catégorie des petits maîtres en littérature. Journaliste, il a beaucoup écrit et est surtout apprécié de nos jours pour ses textes brefs, qui manient l'humour – absurde, léger ou caustique, c'est selon. Rien ne vieillit plus mal que l'humour, paraît-il. Pourtant, plus d'un siècle plus tard, celui d'Alphonse Allais fait toujours mouche, même si ses propos sur les atouts féminins fleurent le siècle passé. La raison d'être de cet humour indémodable ? La bêtise, mon cher, qui, elle, ne vieillit pas.

Miousic

CETTE ANNÉE-LÀ, c'est-à-dire en 18... (ça ne me rajeunit pas), la nuit de Noël, notre réveillon avait dépassé les limites ordinaires d'un réveillon normal. Je ne parle pas de la tenue des convives, laquelle fut parfaite, mais de la durée des agapes.

Le matin bleu, en effet, avait depuis longtemps passé sa gomme élastique sur l'or des étoiles que nous étions encore à table.

Chacun, serrant de très près sa chacune, abordait tour à tour les plus hauts sommets de l'esthétique et les non moins redoutables questions sociales.

Sans hésitation, on tranchait par troupeaux les nœuds gordiens les plus inextricables, et si, ce matin-là, on avait été le gouvernement!...

Ma chacune, à moi, était une ravissante grosse fille blonde, bébête, sentimentale, rose clair, demoiselle de magasin et sage.

C'est Lucie qu'elle s'appelait.

Ses yeux (oh! ses yeux!) limpides comme ceux d'un tout petit enfant, sa bouche (oh! sa bouche!) qui semblait avoir été cueillie, le matin même, sur le plus royal des cerisiers de Montmorency, ses cheveux blonds (d'un ton!) très fins et dont la multitude frisait l'indiscrétion, ses menottes (oh! ses menottes!) uniquement composées de fossettes; tout en elle, tout, compliqué d'un copieux extra-dry préalable, me mettait en des états dont la plus chaste description me ferait traîner devant la justice de mon pays.

Elle riait des bêtises que je lui disais.

Elle riait d'un joli rire idiot qui mettait le comble à mon ravissement.

Mon bras droit avait enlacé sa taille, ma main gauche tenait (à l'aise) ses deux mains et ma bouche mettait dans la fine toison de sa nuque des milliards de baisers immédiatement suivis d'autres milliards.

De longues chatouilles lui frémissaient au long du dos, et, toujours, elle riait, disant non, bêtement.

Tout à coup, une musique monta dans la cour.

Un orgue de Barbarie matinal jouait la valse célèbre de *François les Bas-Bleus : Espérance en d'heureux jours...* laquelle battait, à cette époque, le plein de son succès.

Alors, Lucie cessa de rire.

Ce fut elle qui serra ma main, toute troublée, murmurant :

– Oh! cette musique! Cette musique! Je meurs...!

Je pensai à part moi que c'était drôlement choisir son moment pour trépasser.

Une indigestion, peut-être? Non, de l'extase, simplement.

– Je meurs, reprit-elle, et je t'aime!

L'agonie fut douce et Lucie ne mourut pas.

Moi non plus.

Nous devions nous voir le dimanche suivant : elle ne vint pas au rendez-vous.

Une lettre, d'où la sentimentalité avait banni l'orthographe, m'apprit confusément qu'elle regrettait sa *faute* et qu'elle aurait bien voulu mourir. (Encore?)

Je quittai Paris le lendemain, appelé à Reykjavik pour embaumer un professeur de toxicologie danois, mort à la suite d'une chute de cheval.

(Les petits chevaux islandais sont extrêmement difficiles à monter quand on n'a pas l'habitude.)

❧

Rien n'est plus drôle que les choses.

Un jour, je traversais la rue Grenéta, en pensant à Lucie, quand je rencontrai – je vous le donne en mille – quand je rencontrai Lucie.

Lucie!

Mon sang ne fit pas cent tours.

Mon sang ne pas cinquante tours.

Mon sang ne fit pas vingt tours.

(J'abrège pour ne pas fatiguer le cher lecteur.)

Mon sang ne fit pas dix tours.

Mon sang ne fit pas cinq tours.

Non, mesdames; non, messieurs, mon sang ne fit pas seulement deux tours.

Vous me croirez si vous voulez: mon sang...

Mon sang ne fit qu'un tour!

Lucie!

Lucie engraissée, adorable jusqu'à la damnation (qu'est-ce qu'on risque?); Lucie plus blonde et plus rose clair que jamais; Lucie dont le regard reflétait les limpides candeurs du jeune âge.

Avec le toupet inhérent à son sexe, Lucie prétendit qu'*elle ne se rappelait de rien*.

– Et cet air-là, fis-je, génialement inspiré, *vous en rappelez-vous*? Et je lui fredonnai la fameuse valse: *Espérance en d'heureux jours*. Elle me saisit la main.

– Taisez-vous, malheureux! Quand j'entends cet air-là, je me prends à vous r'aimer comme à ce matin de Noël, et mes yeux vous cherchent autour de moi.

– Et quand vous ne l'entendez pas?

– J'aime mon mari, monsieur.

– Vous êtes mariée ?

– Oui, monsieur, avec un voyageur de commerce.

– Qui voyage ?

– Huit mois de l'année.

– Pauvre petite !

– Mais je vous quitte, car je suis dans mon quartier, et si on me voyait... !

Très canaille, je la suivis, et je connus son nom, son adresse.

Peu après, j'apprenais le départ du mari pour la Roumélie.

Un beau matin, je sonnai à la porte de Lucie.

Elle-même vint m'ouvrir.

– Vous, monsieur !

Et elle allait me flanquer à la porte sans autre forme de procès, quand, soudain, monta de la cour la suggestive mélodie *Espérance en d'heureux jours*...

(Ai-je besoin de prévenir le lecteur que l'orgue en question avait été amené par moi, diaboliquement ?)

Lucie, tout de suite, se fondit en la plus tendre des extases.

Elle me tendit ses bras ouverts, râlant ce simple mot : Viens !

Si je vous disais que je me fis prier, vous ne me croiriez pas, et vous auriez raison : je *vins*.

Et je revins le lendemain, et les jours suivants, toujours accompagné de mon vieux joueur d'orgue.

Malheureusement, voilà qu'il se produisait du tirage !

Les locataires, d'abord charmés par la mélodie de Lucie, avaient jeté des sous au bonhomme.

Mais la fameuse valse se reproduisant chaque jour avec la constance du rasoir, ces braves gens la trouvaient mauvaise, et remplaçaient les sous par des projectiles moins rémunérateurs, tels que trognons de choux, escarbilles et autres résidus domestiques.

Je versai des sommes folles au concierge pour acquérir sa neutralité.

Heureusement, le mari de Lucie revint à cette époque!

Fatigué des voyages, il s'établit à son compte.

Il était temps!

Lucie ne se lassait pas de l'*Espérance en d'heureux jours*: ça l'inspirait.

Or, moi, j'avais fini par prendre en grippe ce malheureux air, et maintenant, ça me coupait la chique, si j'ose m'exprimer ainsi.

Alphonse Allais, «Miousic», dans *Œuvres anthumes*, Paris, Robert Laffont, «Bouquin», 1989 [1898], p. 188-191.

15

Conte de Noël

(1938)

François Mauriac

Comment naissent les écrivains? De quel pays d'enfance, douloureux sous l'apparente douceur, émergent-ils? Certains lecteurs verront en le jeune Yves Frontenac l'*alter ego* romanesque de François Mauriac. D'autres réaffirmeront les pouvoirs de l'imagination, là comme ailleurs, dans son œuvre. Qu'importe. Le personnage d'Yves Frontenac, que l'on croise aussi dans un roman intitulé *Le mystère Frontenac*, apparaît maintenant dans une nouvelle sobrement intitulée «Conte de Noël». Rien de paisible, pourtant, dans ce récit qui évoque la perte de l'innocence, ni plus ni moins. Est-ce l'Enfant-Jésus, comme l'affirment alors toutes les mères, qui apporte aux enfants leurs jouets à Noël, ou est-ce là un conte destiné aux enfants et dont il convient de ne plus être dupe, passé un certain âge? Il fut un temps où, pour les jeunes garçons pressés de vieillir, la question était de la plus haute importance. C'est bien pourquoi deux d'entre eux, tourmentés par l'idée d'être menés en bateau par leur mère, décident cette année-là de s'en assurer *de visu*, une fois pour toutes, et de mettre fin à toute spéculation dans la cour de récréation, à l'approche des vacances de Noël. Un fils, surtout s'il a sept ans, est tout disposé à croire sa mère les yeux fermés. Une mère ne peut pas mentir à son fils, n'est-ce pas? Il n'empêche. S'il gardait les yeux grands ouverts, cette nuit-là, à Noël, juste pour en être sûr, que verrait-il?

Conte de Noël

$\mathcal{U}$N MAIGRE PLATANE qui cherchait l'air dominait les hauts murs de la cour où nous venions d'être lâchés. Mais ce jour-là, au coup de sifflet de M. Garouste, nous ne poussâmes pas les piaillements habituels de nos récréations. C'était la veille de la Nativité, on nous avait condamnés à une promenade dans la brume et dans la boue de la banlieue, et nous nous sentions aussi fatigués que peuvent l'être des garçons de sept ans qui ont une quinzaine de kilomètres dans les jambes.

Les pensionnaires mettaient leurs pantoufles. Le troupeau des demi-pensionnaires tournés vers la sortie, attendaient de voir apparaître celui ou celle qui viendrait les chercher, pour les délivrer du bagne quotidien. Je mordais sans grand appétit dans un quignon, absent déjà par le cœur, occupé du mystère de cette soirée où j'allais pénétrer et dont les rites étaient immuables. On nous ferait attendre derrière la porte de la chambre à donner, le temps d'allumer les bougies de la crèche... Maman nous crierait: «Vous pouvez entrer!» Nous nous précipiterions dans cette pièce qui ne prenait vie que cette nuit-là. Les minuscules flammes nous attireraient vers ce petit monde de bergers et de bêtes pressées autour d'un enfant. La veilleuse allumée à l'intérieur du château crénelé d'Hérode, au sommet d'une montagne faite avec du papier d'emballage froissé, nous donnerait l'illusion d'une fête mystérieuse et défendue. Nous chanterions à genoux le cantique adorable:

«Une étable est son logement,
Un peu de paille est sa couchette,
Une étable est son logement,
Pour un Dieu, quel abaissement!»

L'abaissement de Dieu nous pénétrerait le cœur... Derrière la crèche, il y aurait un paquet pour chacun de nous et une lettre où Dieu lui-même aurait écrit notre péché dominant. Déjà j'imaginais, à l'entour, les ténèbres de la chambre inhabitée: aucun voleur ne se retenait plus de respirer derrière les rideaux à grands ramages de l'alcôve et des fenêtres. Aux murs, les portraits des personnes mortes, du fond de leur éternité, écoutaient nos frêles voix. Et puis commencerait la nuit où, avant de s'endormir, l'enfant jette un dernier coup d'œil sur ses souliers à bouts ferrés, les plus grands qu'il possède – ceux qui assistent, dans les cendres de la cheminée, au mystère, qu'à chaque Noël, j'asseyais vainement de surprendre; mais le sommeil est un gouffre qu'un enfant n'évite pas. [...]

Notre maison était proche de la cathédrale. Le soir de Noël, la grosse cloche de la tour Pey-Berland, le bourdon, emplissait la nuit d'un grondement énorme. Mon lit devenait pour moi la couchette d'un bateau et la tempête de sons me portait, me berçait dans son orage. La veilleuse vacillante peuplait la chambre de fantômes qui m'étaient familiers. Les rideaux de la fenêtre, la table, mes vêtements en désordre sur un fauteuil n'entouraient plus mon lit d'un cercle menaçant: j'avais apprivoisé ces fauves. Ils protégeaient mon sommeil, comme le peuple de la jungle veillait sur celui de l'enfant Mowgli.

Je ne risquais pas de m'endormir : le bourdon m'aidait à me tenir en éveil. Mes doigts s'accrochaient aux barreaux du lit tant j'avais la sensation d'être livré corps et âme à une bonne tempête qui ne me voulait pas de mal. Maman poussa la porte. Mes paupières étaient closes, mais au bruit soyeux de sa robe, je la reconnus. Si c'était elle qui déposait les jouets autour de mes souliers, ce devrait être le moment, me disais-je, avant qu'elle partît pour la messe de minuit. Je m'appliquai à respirer comme un enfant endormi. Maman se pencha et je sentis son souffle. Ce fut plus fort que toutes mes résolutions : je jetai brusquement mes bras autour de son cou et me serrai contre elle avec une espèce de fureur. «Oh ! le fou ! le fou !» répétait-elle à travers ses baisers.

«Comment veux-tu qu'il vienne si tu ne dors pas ? Dors, Yves, mon chéri, dors, mon garçon aimé ; dors, mon petit enfant...

– Maman, je voudrais le voir !

– Il veut qu'on l'aime sans l'avoir vu... Tu sais bien qu'à la messe, au moment où il descend sur l'autel, tout le monde baisse la tête...

– Maman, tu ne te fâcheras pas, eh bien, une fois, je n'ai pas baissé la tête, j'ai regardé, je l'ai vu...

– Comment ? Tu l'as vu ?

– Oui ! enfin... un petit bout d'aile blanche...

– Ce n'est pas une nuit à garder les yeux ouverts. C'est en dormant que tu le verras le mieux. Quand nous reviendrons de l'église, ne t'avise pas d'être encore éveillé...»

Elle referma la porte, son pas s'éloigna. J'allumai la bougie et me tournai vers la cheminée où mourait un dernier tison. Les souliers étaient là entre les chenets, au bord de ce carré ténébreux, de cette trappe ouverte sur de la suie et de la cendre. C'était par là que la grande voix du bourdon s'engouffrait, emplissait ma chambre d'un chant terrible qui, avant de m'atteindre, avait erré au-dessus des toits, dans ces espaces lactés où se confondent, la nuit de Noël, des milliers d'anges et d'étoiles. Ce qui m'aurait surpris, ce n'eût pas été l'apparition d'un enfant dans le fond obscur de l'âtre, mais au contraire qu'il ne se passât rien. Et, d'ailleurs, il se passait déjà quelque chose : mes deux souliers encore vides, ces pauvres gros souliers mêlés à ma vie quotidienne, prenaient tout à coup un aspect étrange, irréel ; comme s'ils eussent été posés là presque en dehors du temps, comme si les souliers d'un petit garçon pouvaient tout à coup être touchés par une lumière venue du monde qu'on ne voit pas. Si proche était le mystère que je soufflai la bougie pour ne pas effaroucher le peuple invisible de cette nuit entre les nuits.

Si le temps me parut court, ce fut sans doute que j'étais suspendu hors du temps. Quelqu'un poussa la porte et je fermai les yeux. Au bruit soyeux de la robe, au froissement des papiers, je me dis bien que ce devait être maman. C'était elle et ce n'était pas elle ; il me sem-blait plutôt que quelqu'un avait pris la forme de ma mère. Durant cette inimaginable messe de minuit à laquelle je n'avais pas assisté, je savais que maman et mes frères avaient dû recevoir la petite hostie et qu'ils étaient reve-nus, comme je les avais vu faire si souvent, les mains jointes et les yeux tellement fermés que je me demandais toujours comment ils pouvaient retrouver leurs chaises. Bien sûr, c'était maman qui, après s'être attardée autour de la cheminée, s'approchait de mon lit. Mais Lui vivait en elle : je ne les séparais pas l'un de l'autre : ce souffle dans mes cheveux venait d'une poitrine où Dieu reposait encore. Ce fut à ce moment précis que je sombrai à la fois dans les bras de ma mère et dans le sommeil. [...]

François Mauriac, «Conte de Noël», dans *Œuvres romanesques*, Paris, La Pochothèque, 1992 [1938], p. 917-922.

16

Un Noël

(1983)

Truman Capote

L'écrivain américain Truman Capote est réputé, à juste titre, pour une certaine prouesse littéraire appelé *De sang-froid*, qui mêle journalisme, fiction, fascination pour le mal et... désir d'autodestruction chez l'auteur. La nouvelle dont on lira maintenant un extrait invite à découvrir un écrivain pour qui les chagrins de l'enfance ne sont jamais très loin de ceux de l'adulte. Ainsi, que se passe-t-il quand un petit garçon, élevé par ses tantes et ses oncles en Alabama, passe Noël pour la première fois avec son père alcoolique à la Nouvelle-Orléans ? D'autant que l'homme, à en croire les récriminations de sa première épouse, a tout du gigolo. L'enfant, parce qu'il croit tout ce qu'on lui dit, et au premier chef tout ce que lui raconte Sook, sa vieille nourrice, croit encore au Père Noël. Il croit aussi qu'il neige à la Nouvelle-Orléans. Il sera détrompé sur ces deux points et apprendra au passage une vérité qu'il n'oubliera pas de sitôt. Mais voyons d'abord les effets du discours de la mère sur l'enfant.

Un Noël

$\mathcal{T}$OUT LE TEMPS qu'elle avait parlé (et j'essayais de ne pas écouter, parce qu'en me disant que ma naissance l'avait détruite, elle me détruisait elle-même), ces airs ou des airs semblables s'étaient entremêlés dans ma tête. Ils m'aidaient à ne pas l'entendre et me rappelaient l'étrange et envoûtante soirée que mon père avait donnée à la Nouvelle-Orléans en cette veille de Noël.

Le patio était rempli de bougies, ainsi que les trois pièces qui donnaient dessus. La plupart des invités étaient rassemblés dans le salon où les courtes flammes d'un feu de bois dans la cheminée faisaient étinceler l'arbre de Noël; mais beaucoup d'autres dansaient dans la salle de musique et dans le patio au son d'un Victrola à manivelle. Après avoir été présenté aux invités qui me firent fête, j'avais été envoyé en haut; mais de la terrasse devant la porte-fenêtre de ma chambre, je pouvais suivre des yeux les réjouissances, voir les couples danser. Je regardai mon père valser avec une dame gracieuse autour du bassin qui entourait la fontaine à la sirène. Elle était vraiment gracieuse, oui, et vêtue d'une vaporeuse robe argentée qui scintillait à la lumière des bougies; mais elle était vieille – âgée d'au moins dix ans de plus que mon père qui avait alors trente-cinq ans.

Soudain, je me rendis compte que mon père était de loin le plus jeune de toute l'assistance. Aucune des dames, si charmantes fussent-elles, n'était moins âgée que la flexible valseuse en impalpable robe d'argent. Il en était de même pour les hommes dont beaucoup fumaient des cigares de La Havane à l'odeur sucrée; plus de la moitié d'entre eux étaient assez vieux pour être le père de mon père.

Et puis je vis quelque chose qui me fit cligner des yeux. Mon père et son agile partenaire avaient gagné en dansant une niche ombragée d'orchidées pourpres; et ils s'étreignaient, s'embrassaient. Je fus si abasourdi, si *furieux*, que je courus dans ma chambre, sautai au fond de mon lit et rabattis la couverture par-dessus ma tête. Qu'avait à faire mon jeune et séduisant père d'une vieille femme pareille! Et pourquoi tous ces gens réunis en bas ne rentraient-ils pas chez eux, que le Père Noël puisse enfin venir? Je restai éveillé pendant des heures, les écoutant partir et quand mon père eut dit bonsoir pour la dernière fois, je l'entendis monter l'escalier et ouvrir ma porte pour jeter un coup d'œil vers moi, mais je feignis d'être endormi.

Plusieurs choses contribuèrent à me maintenir éveillé tout le reste de la nuit. Et pour commencer, les pas, le bruit fait par mon père qui grimpait et dévalait l'escalier, le souffle précipité. Il fallait que je voie ce qu'il fabriquait.

Je me cachai donc sur le balcon parmi les bougainvilliers. De là, je voyais en entier le salon, l'arbre de Noël et la cheminée, où les bûches achevaient de se consumer. En plus, je pouvais suivre des yeux mon père. Il tournait à quatre pattes sous l'arbre où il disposait une pyramide de paquets. Enveloppés de papier violet, rouge, or, blanc et bleu, il en montait des bruits de froissement tandis que mon père les déplaçait. La tête me tournait, car ce spectacle me contraignait à réviser toutes mes croyances. Si ces cadeaux m'étaient destinés, alors ils n'avaient certainement pas été commandés par le Seigneur et apportés par le Père Noël; non, c'étaient des cadeaux achetés et emballés par mon père. Autrement dit, mon infect petit cousin Billy Bob et d'autres sales gosses de son espèce ne mentaient pas quand ils se moquaient de moi et m'affirmaient que le Père Noël n'existait pas. Perspective pire encore: Sook savait-elle la vérité et m'avait-elle menti? Non, Sook ne m'aurait jamais menti. Elle *croyait*. Simplement... Eh bien... elle avait beau avoir plus de soixante ans, par certains côtés, elle était aussi enfantine que moi. [...]

Et je me mis à réfléchir: Maintenant c'est à moi de dire la vérité à Sook. Une colère sourde, une étrange animosité montait en moi comme une spirale; bien qu'il dût plus tard s'en trouver la victime, elle n'était pas dirigée contre mon père. [...] Je résolus d'ouvrir les paquets; c'était le matin de Noël, j'étais réveillé, alors pourquoi pas? Je ne m'attarderai pas à décrire ce qu'ils contenaient: simplement des chemises, des sweaters et des trucs sans intérêt du même genre. Le seul objet que j'appréciai fut un pistolet à amorces dernier cri. L'idée me vint alors que ce serait drôle de réveiller mon père en tirant avec. Ce que je fis. *Pan. Pan. Pan.*

Il bondit hors de sa chambre, l'air affolé.

Pan. Pan. Pan.

«Buddy... mais nom d'un chien, qu'est-ce que tu fabriques?»

Pan. Pan. Pan.

«Arrête!»

Je me mis à rire.

«Écoute, papa. Regarde toutes les choses merveilleuses que m'a apportées le Père Noël.»

Calmé, il entra dans le salon et me serra sur son cœur.

«Tu aimes ce que t'a apporté le Père Noël?»

Je lui souris. Il me sourit. Il y eut entre nous un moment de tendresse que je réduisis à néant en répondant:

«Oui. Mais qu'est-ce que tu vas me donner, toi, papa?»

Son sourire s'évanouit. Il plissa les yeux, méfiant – visiblement il me soupçonnait de lui jouer un sale tour. Puis il rougit, comme s'il avait honte d'avoir cédé à une telle pensée. Il me caressa la tête, toussa et dit:

«Eh bien, il m'a semblé que le mieux serait de te laisser choisir quelque chose dont tu avais envie. Y a-t-il un jouet particulier qui te tente?»

Je lui rappelai l'avion que nous avions vu dans la vitrine du magasin de Canal Street. Son visage s'allongea. Oh oui, il se souvenait très bien de l'avion et de son prix exorbitant. Néanmoins, le jour suivant, j'étais assis dans cet avion, rêvant que je montais en flèche vers le ciel pendant que mon père remplissait un chèque pour le marchand, ravi. Une discussion s'était élevée à propos du transport de l'avion jusqu'en Alabama, mais je fus inébranlable. J'affirmai qu'il devait m'accompagner sur le car que je devais prendre à deux heures cet après-midi-là; le marchand résolut la question en appelant la compagnie des cars qui assura qu'il n'y avait pas de difficulté.

Mais je n'étais pas encore libéré de la Nouvelle-Orléans. Le problème tenait à une grande flasque en argent de whisky de contrebande; peut-être était-ce à cause de mon départ, mais en tout cas, mon père avait siroté toute la journée et, sur le chemin de la station des cars, il me fit très peur quand il m'agrippa le poignet en murmurant d'une voix rauque:

«Je ne vais pas te laisser partir. Je ne peux pas te laisser retourner au milieu de cette famille insensée, dans cette vieille baraque insensée. Mais, regarde-moi ce qu'ils ont fait de toi. Un gosse de six ans, presque sept, qui parle du Père Noël. C'est entièrement leur faute, toutes ces vieilles filles aigries avec leur bible et leurs aiguilles à tricoter, ces oncles poivrots. *Écoute-moi*, Buddy. Dieu n'existe pas! Le Père Noël n'existe pas!»

Il me serrait le poignet avec une telle force qu'il me faisait mal.

«Quelquefois, oh, Dieu, je me dis que ta mère et moi, tous les deux, on devrait se tuer pour avoir laissé une chose pareille arriver. (Jamais il ne s'est tué, mais ma mère si: elle a suivi la route fatale du Seconal il y a trente ans.) Embrasse-moi. Je t'en prie. Je t'en prie. Embrasse-moi. Dis à ton papa que tu l'aimes.» Mais je ne pouvais pas parler. J'étais terrifié à la pensée de manquer le car. Et je m'inquiétais pour mon avion, ficelé sur le toit du taxi. «Dis-le: je t'aime. Dis-le, je t'en prie, Buddy. Dis-le.»

Heureusement pour moi, notre chauffeur de taxi était un brave homme. Car sans son assistance et celle de quelques porteurs efficaces et d'un agent de police serviable, je ne sais pas ce qui se serait passé à notre arrivée à la station. Mon père flageolait tellement qu'il pouvait à peine marcher, mais l'agent de police lui parla, le calma, l'aida à se tenir debout et le chauffeur de taxi promit de le ramener chez lui. Mais mon père ne consentit à partir qu'après avoir vu les porteurs me hisser à bord du car.

Une fois dans le car, je me tassai au fond d'un siège et fermai les yeux. J'éprouvais une souffrance très étrange. Une souffrance présente partout en moi. L'idée me vint que si j'ôtais mes lourds souliers de ville, ces bourreaux impitoyables, la douleur se dissiperait. Je me déchaussai donc, mais la mystérieuse souffrance ne me quitta pas. En un sens, jamais elle ne m'a quitté; jamais elle ne me quittera.

Douze heures plus tard, j'étais chez moi au lit. La chambre était sombre. Sook, assise à côté de moi, se balançait dans un rocking-chair avec un bruit aussi apaisant que celui des vagues de l'océan. J'avais essayé de lui raconter tout ce qui s'était passé et ne m'étais arrêté qu'une fois, enroué comme un chien à force d'aboyer. Elle passa les doigts dans mes cheveux et dit :

«Bien sûr qu'il existe, le Père Noël. Simplement personne au monde ne pourrait faire tout ce qu'il a à faire. Alors le Seigneur a réparti la tâche entre nous tous. Voilà pourquoi tout le monde est le Père Noël. Le Père Noël c'est moi, c'est toi. Et même ton cousin Billy Bob. Maintenant il faut dormir. Compte les étoiles. Pense aux choses les plus silencieuses. Comme la neige. Je regrette que tu n'aies pas pu la voir. Mais maintenant, la neige tombe parmi les étoiles...»

Les étoiles scintillaient, la neige tournoyait dans ma tête. La dernière chose dont je me souvins fut la voix paisible du Seigneur me disant ce que je devrais faire. Et le lendemain je suivis son conseil. Je me rendis avec Sook à la poste et achetai une carte postale timbrée. Cette carte existe encore aujourd'hui. On l'a retrouvée à la banque dans le coffre-fort de mon père quand il est mort l'année dernière. Voilà ce que j'avais écrit : *Bonjour, papa. J'espère que tu vas bien. Moi oui et j'apren à pédallé avec mon avion ci vite que biento je serai dans le ciel. Alors regarde bien en l'air, et oui, je t'aime. Buddy.*

Truman Capote, *Un Noël*, traduit de l'anglais par Henri Robillot et Germaine Beaumont, Paris, Gallimard, 2003 [1984 pour la traduction française ; 1983 pour l'édition américaine originale], p. 35-55.

17

Conte de Noël
(1934)

Marcel Aymé

L'armée n'a pas la réputation d'être faite pour les cœurs sensibles. Ce qui n'empêche pas les soldats d'être amoureux. Marcel Aymé, qui a fait rire des générations d'enfants avec les contes tirés du célèbre recueil *Les contes du chat perché*, fera sourire, avec celui-ci, les grands enfants que sont les soldats, la nuit de Noël. Imaginez une troupe cantonnée dans une garnison, au début du siècle dernier. Imaginez un adjudant appelé Constantin, qui se donne des airs de dur avec ses hommes, parce qu'il faut bien se faire obéir d'eux, mais qui en souffre intérieurement. Imaginez un mauvais sujet appelé Morillard, rétif aux ordres, qui s'incruste au régiment, non parce qu'il aime l'armée, mais parce qu'il s'est amouraché d'une des filles d'une maison close, le Grand Huit, établie non loin. La fille est blonde, elle répond au prénom de José et est très gentille. Le soldat Morillard avait prévu de lui rendre visite le soir de Noël pour lui offrir une jolie chemise brodée. Mais voilà, Morillard est au trou pour n'avoir pas obéi à l'adjudant, occupé pour l'heure à faire sa ronde de nuit. Qui va là? C'est l'enfant Noël. Il fait sa tournée, comme il se doit à cette époque de l'année, et distribue des cadeaux. Avec une pointe d'onirisme qui ne rend que plus vraisemblable le récit, Marcel Aymé signe un conte attendri, à l'image des soldats de métier quand ils ne vont pas au combat.

Conte de Noël

DE 11 HEURES À MINUIT, l'adjudant Constantin entendit rentrer tous les hommes qui étaient sortis en ville. De sa chambre, qui donnait sur la cour, il les voyait d'abord dessous la lumière du poste et pouvait mettre un nom sur chaque visage. Il les regarda soigneusement, dans l'espoir insensé que le prisonnier avait pu s'entendre avec le sergent du poste pour s'échapper une heure ou deux. Mais le dernier homme rentra sans qu'il eût reconnu Morillard. Il se mit au lit en grommelant contre le sergent qu'il jugea manquer d'initiative. Il ne put trouver le sommeil et pensa presque sans cesse au prisonnier, à la chemise bleue, et à la grande blonde qui attendait encore. Vers 1 heure du matin, il se leva, et pour tromper son insomnie, décida de faire la ronde dans les étages. Il y avait peu de chances qu'il surprît un homme à sortir, et il n'en avait aucune envie. Son vrai but était d'apaiser ses nerfs. Il s'habilla sommairement, coiffa son képi, et prit une lampe de poche. En arrivant au premier étage, il entendit le bruit d'un pas léger dans le grand couloir et braqua sa lanterne. Un enfant tout nu, chargé d'une hotte, s'arrêta dans le faisceau de lumière, en protégeant ses yeux éblouis avec ses deux mains. L'adjudant Constantin sourit, car il venait de reconnaître l'enfant Noël qu'il avait déjà rencontré une année. Il s'approcha et demanda cordialement:

«Qu'est-ce que vous leur apportez de beau, à mes gaillards?

– Pas grand-chose, répondit l'enfant Noël. C'est qu'ils sont déjà un peu grands, savez-vous bien...

– Quand même, protesta l'adjudant, ils sont encore à l'âge où l'on grandit.

– En tout cas, ils n'ont pas l'air malheureux. J'ai vu qu'ils avaient tous de jolis fusils.

– C'est du jouet un peu sérieux.

– Et puis, je ne suis pas très riche non plus, dit l'enfant Noël, surtout cette année. Alors, je leur apporte de bonnes pensées. On en a toujours besoin. C'est utile et agréable en même temps.»

L'adjudant hocha la tête.

«Bien sûr, dit-il, les bonnes pensées, c'est toujours autant. Mais ça ne brille pas beaucoup. Moi qui vous parle, je suis chargé de les faire entrer dans la tête du fantassin; je ne sais pas si c'est utile, mais ce n'est sûrement agréable pour personne. Il faut dire que je n'ai pas les moyens non plus...

– Et comment vous y prenez-vous?»

Constantin montra sur la manche de sa capote son galon d'adjudant et dit à l'enfant Noël:

«Voilà mes moyens... oui, ça paraît drôle au premier abord...

– Et vous travaillez la nuit aussi, à ce que je vois?

– Oh! non, plutôt la journée. La nuit, je fais simplement les rondes. Vous comprenez, si je n'avais pas l'œil, mes gaillards se mettraient à faire le mur, et qu'est-ce qui se passerait? c'est qu'ils s'en iraient vers les femmes attraper les maladies.

– Les maladies?»

L'adjudant Constantin s'empressa de changer de conversation et demanda à l'enfant Noël où il en était de sa distribution.

«J'ai encore un paquet de bonnes pensées à répartir dans la dernière chambrée.

– Si vous voulez, proposa l'adjudant, je vais vous éclairer avec ma lanterne. Ce sera plus commode.

– Volontiers. De votre côté, vous verrez comment je m'y prends.»

L'enfant Noël précéda l'adjudant Constantin dans la chambrée. La lampe électrique éclaira tout d'abord le râtelier d'armes, puis un premier lit où dormait un soldat. L'adjudant sourit et murmura :

«C'est Turier, du deuxième contingent... Un bon garçon, vous savez... Oui, Turier Robert, il s'appelle...»

L'enfant Noël prit une bonne pensée dans sa hotte, la glissa sous le traversin de Turier, et borda le soldat dans son lit, d'un geste vif.

«C'est bien commode, dit l'adjudant. Et vous êtes sûr du résultat ?

– Vous pensez ! depuis le temps que je fais mes tournées, j'ai pu apprécier les bons effets de la méthode. Si vous voulez l'essayer, je tiendrai la lampe électrique.

– Oh! Vous croyez que moi aussi, je pourrais...

– Bien sûr! Vous m'avez vu faire, ce n'est pas difficile.»

L'enfant Noël s'empara de la lanterne et éclaira le second lit. L'adjudant prit une bonne pensée dans la hotte et la fit passer sous le traversin de Bérignon Joseph, puis il borda Bérignon des deux côtés.

«Ce n'est pas plus malin que ça, dit l'enfant Noël. Et rien ne vous empêche d'ajouter une bonne pensée qui vienne de vous. Mais, bien entendu, il faut qu'elle soit bonne.

– Pour ce soir, j'aime mieux user les vôtres, je suis plus tranquille. Demain, j'en préparerai d'autres. C'est qu'il ne s'agit pas de se tromper.»

L'adjudant voulut distribuer toutes les bonnes pensées et, chaque fois qu'il bordait un homme dans son lit, il lui murmurait à l'oreille des paroles d'amitié. L'enfant Noël trouvait qu'il s'attardait un peu trop et le pressait avec impatience.

« Dépêchons-nous. J'ai encore du travail, vous finirez par me mettre en retard. Allons, à l'autre lit, maintenant. »

Dans la deuxième rangée, le faisceau de lumière tomba sur un lit vide, dépouillé de ses couvertures.

« Tiens, fit observer l'enfant Noël, il manque un soldat. »

Le visage heureux de l'adjudant se rembrunit.

« C'est le lit de Morillard. Un bon garçon aussi, qui n'a pas eu de chance. Si je vous avais rencontré seulement un jour plus tôt, il ne passerait pas la nuit de Noël en prison. Et encore, s'il n'y avait que lui dans l'affaire, mais c'est toute une histoire...

– Prenez toujours une bonne pensée, vous la lui donnerez quand il reviendra...

– Oui, je vais toujours lui en prendre une. Mais ça n'arrange pas tout... »

Il restait encore une demi-douzaine de lits à visiter et ce fut l'enfant Noël qui s'en chargea. L'adjudant Constantin n'avait plus le cœur à la joie et il était si gravement préoccupé qu'il craignait de se tromper. La besogne accomplie, ils se séparèrent sur le pas de la porte. Déjà, l'enfant Noël s'éloignait en courant sur ses pieds nus, lorsque l'adjudant le rappela :

« Noël ! Noël ! Est-ce que vous vous chargeriez d'une commission ?

– Mais oui, si ce n'est pas trop long.

– Attendez-moi, je reviens tout de suite. »

L'adjudant s'engouffra dans la chambrée et en ressortit presque aussitôt. Dans les mains de l'enfant Noël, il déposa le paquet bleu enrubanné et dit en rougissant :
« C'est du linge fin, vous ferez attention...
– Quelle adresse ? »
L'adjudant Constantin parut embarrassé et lui parla tout bas à l'oreille.
« Au Grand Huit ? dit l'enfant Noël, mais j'y vais, justement ! Tous les ans, je leur apporte un paquet de bonnes pensées. Ce sont des amies qui m'aiment bien. L'an passé, il y avait Carmen, Ginette, Christiane, Lili, la grande Marcelle, Nana, Léo, Rirette. J'ai appris que Lili était partie pour Épinal. C'est sûrement José qui l'a remplacée. Soyez tranquille, la commission sera faite. »
L'adjudant Constantin joignit les mains avec adoration. L'enfant Noël mit la chemise bleu ciel dans sa hotte et ouvrit la fenêtre pour prendre sa course. Comme il s'élevait dans les airs, Constantin se pencha dans la nuit et cria encore :
« Surtout, dites-lui que c'est de la part de Morillard !
– Oui, oui, Morillard ! »
L'enfant Noël prit de la hauteur, mais avant de filer sur le Grand Huit, il plongea la main dans sa hotte et fit neiger des fleurs du paradis sur le képi de l'adjudant Constantin qui se mit à rire dans le mois de décembre.

Marcel Aymé, « Conte de Noël », dans *Les contes du chat perché*, dans *Œuvres romanesques complètes*, Paris, Gallimard, « La Pléiade », t. 2, 1998 [1934], p. 780-783.

18

Frère François
(1983)

Julien Green

« Il voulait sauver le monde, il a sauvé l'espérance. » On ne compte plus les formules heureuses qui naissent sous la plume de Julien Green au moment de faire ce portrait frémissant de vie, fraternel et tout à fait personnel, de François d'Assise. Pour écrire son *Frère François*, Julien Green a puisé aux sources les plus connues, mais la manière, elle, n'appartient qu'à lui. En outre, la personnalité et l'œuvre du saint étant ce qu'elles sont, la vie de François d'Assise fut très tôt l'objet d'enjolivements et d'inventions. Entre les sources historiques et les ressources de l'imagination, cette vie va et vient, et la reconstitution qui en a résulté au fil des siècles la tire du côté de la littérature autant que de l'histoire des religions ou de la théologie. Julien Green ne s'y est pas trompé. Ni hagiographie, ni légende dorée, sa biographie ne cache rien des emportements et des vicissitudes du *poverello*, dès lors rendu très proche. L'extrait qu'on va lire maintenant se situe en décembre 1223. Entre des frères qui rechignent à renouer avec l'esprit de pauvreté des débuts et un pape bien contrariant (Honorius III), voici une nuit de Noël célébrée à la manière de François d'Assise et à laquelle plus tard la tradition devra beaucoup : la crèche, la messe de minuit, dit-on, auraient commencé là.

Noël

Au milieu de septembre, Hugolin, qui a regagné Ostie, attend François et sa règle pour l'approbation papale. De Subiaco à Rome, la distance est courte, mais ce voyage a dû paraître bien long à François qui n'en augurait rien de bon. Ses rapports avec les grands de ce monde se soldaient si souvent par des déceptions... Le réconforte peut-être la présence de son ami Hugolin qui l'attend dans la Ville éternelle. Et, en effet, il est bien reçu par ce prince de l'Église. Quel chemin ils avaient parcouru tous les deux dans la vie! Après la mort de François, ce même Hugolin, devenu pape, prétendra dans la bulle *Quo elongati* avoir activement participé à la rédaction de la règle des frères mineurs, mais il semble que ses interventions aient été surtout négatives. Il fit modifier certains articles, notamment sur l'obéissance absolue, sauf cas de conscience grave, comme dans les autres ordres. C'était le premier pas formel vers l'organisation régulière de la fraternité. François céda par obéissance.

N'est-ce pas alors qu'il prononça ces paroles tirées du plus profond de lui-même, qui rappellent la vie des Pères du désert et dont Ignace de Loyola se souviendra : «Prenez un corps que l'âme a quitté et placez-le n'importe où : il ne mettra aucune mauvaise grâce à se laisser manœuvrer, ne se plaindra pas de la posture où on le laisse. Installé dans une chaire, ce n'est pas en haut qu'il regardera, mais en bas : revêtu de pourpre, il n'en paraî-

tra que deux fois plus pâle. Voilà le parfait obéissant...»?
Même si cela paraît contraire à son amour de la vie, nous
avons là une image sans égal de son esprit d'obéissance.

En novembre, Honorius III eut entre les mains le
texte modifié et à son tour imposa paternellement un
ajout radical : le terme *ordre* faisait son apparition dans
la règle, obscurcissant l'appellation vaste et généreuse de
fraternité, mais celle-ci est restée dans le langage et le
cœur des franciscains. Enfin, le pape approuva la règle
le 29 novembre dans la bulle *Solet annuere*. Pour être sûr
qu'il n'y aurait pas de troubles avec les frères mineurs
attachés à l'esprit des premiers jours, ceux qu'on a appe-
lés les *zelanti*, le pape promulgua bientôt une seconde
bulle, *Fratrum minorum*, menaçant d'excommunication
ceux qui n'observeraient pas la nouvelle règle.

La désillusion est totale pour François. Il redoute
maintenant que les réformateurs de la règle n'en arrivent à
chasser dans la solitude des bois les frères les plus fidèles.
Et c'est ce qui arrivera quand les ministres généraux, dont
Bonaventure, persécuteront les spirituels. Ainsi Césaire
de Spire, mis en prison sous le généralat d'Élie, y laissa
la vie sous les coups de bâton d'un frère geôlier, sous prétexte qu'il voulait s'enfuir. Bernard devra se cacher dans
les ermitages perdus : et les fameux rouleaux sur lesquels
Léon racontait toute l'histoire de François et ses propres
souvenirs, trop bien cachés, ne furent jamais retrouvés.

Avant de quitter Rome, François obtint du pape, en
guise de compensation, le droit de fêter Noël avec un
éclat particulier et selon ses idées personnelles. Il choisit Greccio parce que le seigneur du lieu, Giovanni di
Velita, «qui attachait moins d'importance à la noblesse
du sang qu'à celle de l'âme», avait fait don à François
de la montagne couverte de bois qui dominait l'éperon

rocheux de son village et le val de Rieti jusqu'aux monts bleutés s'étendant à l'horizon.

Sur un aplomb de la muraille de pierre, François avait fondé un petit ermitage, utilisant comme d'habitude une des grottes que lui offrait la nature. Elle fut transformée en chapelle. Sur sa demande, on y installa une mangeoire généreusement pourvue de paille. Suivirent un bœuf et un âne, témoins exigés par la tradition.

Au cœur de la nuit, les flambeaux s'allumèrent et la population d'alentour montait de tous côtés à travers les arbres, torche au poing, si bien que les sentiers de la montagne palpitaient comme des ruisseaux de lumière. Un prêtre était venu pour dire la messe qui fut célébrée sur la mangeoire devenue crèche, le *presepio* cher aux Italiens, et ce fut François revêtu de la dalmatique de diacres qui lut l'Évangile de la Nativité. La foule émerveillée par cette redécouverte du grand mystère suivait avec attention les moindres détails de la cérémonie et beaucoup crurent voir François tenir dans ses bras l'Enfant baigné de rayons. La foi du Moyen Âge, plus près de l'enfance que la nôtre, traduisait d'instinct par des visions les vérités à croire qui parlaient mieux à son cœur.

Cette nuit-là était d'une douceur exceptionnelle qui ne fut jamais oubliée. Dans les bois, les frères chantaient, et les lumières luisaient doucement un peu partout comme pour se joindre à cette explosion d'allégresse inattendue et répondre à la clarté obscure du ciel. Ce fut notre messe de minuit, la première, pleine de cette poésie que seul un François d'Assise pouvait trouver. Cette année de batailles incertaines se terminait pour lui dans une joie extatique. [...]

Julien Green, *Frère François*, Paris, Le Seuil, 1995 [1983], p. 278-280.

19

Le rivage des Syrtes
(1951)

Julien Gracq

Quelle joie de savoir que Julien Gracq incarne à lui seul un continent de la littérature française et qu'il suffit d'ouvrir un de ses livres pour y avoir accès. Le mouvement surréaliste exerça un temps son influence sur ce continent. Il dut renoncer à l'annexer, tant le maître des lieux était réfractaire aux slogans. Tout comme il était imperméable aux séductions du monde des lettres, celui-ci étant incapable de faire le poids à côté du maître exigeant que l'écrivain avait choisi de servir : le style. La littérature telle que la conçoit Julien Gracq ne peut que s'adresser à quelques-uns. Qui s'en plaindra ? Sûrement pas les lecteurs désireux de goûter une prose somptueuse, qui élève sa mélopée, accompagne, console, trouble, charme et narre.

Le rivage des Syrtes est un roman méditatif où il convient de ne chercher ni péripéties ni action pour mieux s'abandonner à la rêverie sur le temps qu'il met en scène, en se jouant des conventions du réalisme et de l'exotisme. Le lieu lui-même est fantasmagorique. C'est une bien étrange contrée que la Seigneurie d'Orsenna. Chacun y semble figé dans une attente sans objet, et une guerre larvée, immobile, trois fois séculaire, perdure entre Orsenna et la septentrionale province de Farghestan, pays des Syrtes. Ne nous y trompons pas : sous ses dehors italianisants, donc joyeux, cette autre Parme se nécrose inexorablement, derrière des remparts dérisoires. Le jeune Aldo, issu de la noblesse, revient un jour tuer l'ennui dans sa garnison, c'est-à-dire dans les bras de Vanessa, pâle princesse d'Orsenna, qui, la veille de Noël, le laisse errer seul dans les rues de la ville puis entrer dans une église pour assister à la messe et entendre un étrange sermon sur le mystère de la Nativité, point d'ancrage dans une réalité qui se dérobait jusque-là.

Le rivage des Syrtes

*V*ANESSA PARTIE, je me sentis désœuvré et chagrin, et je décidai de passer à Maremma un jour encore. C'était la veille de Noël, et dans cette soirée la réclusion entre les murs humides de l'Amirauté me paraissait brusquement trop lourde. Il y aurait foule dans les rues, et un instinct me poussait à me mêler une dernière fois au plus profond de la foule. Dans ces journées douteuses où je sentais vaciller le génie de la ville, il était l'instinct qui nous pousse sur le pont, la joue contre les mille bonnes joues pleines et encore vivantes, quand le navire tremble sur sa quille et que le choc géant monte à nous dans la vibration de la profondeur.

À flâner au long des quelques rues commerçantes de Maremma, il me sembla qu'à la veille de cette solennité attendue le pouls de la petite ville battait plus fiévreusement. La tradition dans les territoires d'Orsenna, en cette veille de Noël, était de se costumer de couleurs vives et de manteaux de laine bariolés qui rappelaient le désert et replaçaient au bord de ses sables la commémoration de la Nativité dans son lointain d'Orient, mais il me parut que cette année le déguisement pieux prêtait, dans l'esprit de beaucoup, à un double sens et à une supercherie de signification particulière. Parmi les cortèges qui parcouraient les rues et rougeoyaient çà et là un instant aux illuminations pauvres, j'ai remarqué que des silhouettes repassaient qui, beaucoup plus que l'Orient millénaire, rappelaient à l'œil les draperies grises et rouges et les amples vêtements de laine flottants à longues rayures des peuplades des sables, dont l'usage était resté populaire dans le Farghestan. Leur passage soulevait les clameurs des gamins, aux yeux de qui ces oripeaux font reconnaître de longtemps l'Ogre des légendes enfantines, mais il était douteux que ce fût aux enfants seulement que les masques eussent souhaité faire peur. Des regards soudain plus brillants venaient se coller de partout à ces silhouettes, et d'avance les guettaient; il était visible que ce travesti équivoque, plus que tout autre chose, aiguisait l'atmosphère tendue, et que la foule s'y complaisait malsainement, comme on trouve un charme frileux, et peut-être le sentiment d'une *présence à soi* plus trouble, aux premiers frissons d'une fièvre légère. On eût dit que la foule se caressait à ce fantôme comme au seul miroir dont le reflet lui prêtât encore chaleur et consistance. [...]

Je revins dîner avec ennui au palais : le contact électrisant de la foule m'avait rendu plus déprimante la solitude. Lorsque les premières cloches sonnèrent pour l'office de la nuit, je me retrouvais presque involontairement au rendez-vous que m'avait fixé Belsenza, devant les hautes coupoles persanes de Saint-Damase. Mon désœuvrement n'était pas seul en cause; le lieu par lui-même attirait ma curiosité. [...]

Il vient dans l'ombre profonde,
Celui dont mes yeux ont soif.
Et sa Mort est la promesse,
Et sa Croix soit mon appui.
Ô Rançon épouvantable,
Ô Signe de ma terreur,
Le ventre est pareil à la tombe
Pour la Naissance de douleur.

Elle était poignante, cette voix qui reprenait l'étrange et funèbre cantique venu du fond des temps, pareil au claquement d'une voile noire sur cette fête de joie; cette voix d'entrailles qui se *posait* si naïvement dans la tonalité lugubre de son passé profond. Et je ne pouvais l'écouter sans tressaillement, pour tout ce qu'elle trahissait de sourde panique. Comme un homme en péril de mort à qui le nom de sa mère monte aux lèvres, à l'instant des obscurs dangers Orsenna se retranchait dans ses Mères les plus profondes. Pareille au vaisseau dans la bourrasque, qui d'instinct se présente tout debout à la lame, elle réinvestissait dans un cri toute sa longue histoire, se l'incorporait; confrontée avec le néant, elle assumait d'un seul coup sa haute stature et son intime différence; et pour la première fois peut-être, roulé dans une terrible véhémence, j'entendais monter de ses profondeurs le timbre nu de ma propre voix.

Cependant le chant cessa: un silence plus attentif annonça que l'émotion de la foule attendait de se consommer maintenant dans un signe intelligible, et que l'officiant allait prendre la parole. [...]

– Il y a quelque chose de profondément troublant, et pour certains d'entre vous il y a comme une dérision amère, à songer que cette fête de l'attente comblée et de l'exaltation divine de l'Espérance, il nous est donné de la célébrer cette année sur une terre sans sommeil et sans repos, sous un ciel dévoré de mauvais songes, et dans des cœurs étreints et angoissés comme par l'approche de ces Signes mêmes dont l'annonce redoutable est écrite au Livre. Et cependant, dans ce scandale de notre esprit auquel notre cœur n'a point de part, je vous invite à lire, frères et sœurs, une signification cachée, et à retrouver dans le tremblement ce qu'il nous est permis de pressentir du profond mystère de la Naissance. C'est au plus noir de l'hiver, et c'est au cœur même de la nuit que nous a été remis le gage de notre Espérance, et dans le désert qu'a fleuri la Rose de notre salut. En ce jour qu'il nous est donné maintenant de revivre, la création tout entière était prostrée et muette, la parole ne s'élevait plus, et le son même de la voix ne trouvait plus d'écho ; dans cette nuit où les astres s'inclinaient au plus bas de leur course, il semblait que l'esprit de Sommeil pénétrât toutes choses et que la terre, dans le cœur même de l'homme, se réjouît de sa propre Pesanteur. [...]

– Ô frères et sœurs, dans cette incertitude épouvantable de la nuit, qu'ils sont rares ceux qui fêtent du fond de leur cœur la Naissance. Ils viennent du fond de l'Orient, et ils ne savent rien de ce qui leur est demandé ; ils n'ont pour guide que le signe de feu qui brille indifféremment dans le ciel quand va se répandre le sang des grappes ou le sang des désastres ; ils ont charge d'un royaume aux richesses fabuleuses, et il semble qu'il y ait sur leur vêtement au fond de cette nuit une lueur encore, comme quand on voit crouler faiblement au fond d'une cave l'amoncellement inestimable du trésor. Ils sont partis pourtant, laissant tout derrière eux, emportant de leurs coffres le joyau le plus rare, et ils ne savaient à qui il leur serait donné de l'offrir. Considérons maintenant, comme un symbole grand et terrible, au cœur du désert ce pèlerinage aveugle et cette offrande au pur Avènement. C'est la part royale en nous qui avec eux se met en marche sur cette route obscure, derrière cette étoile bougeante et muette, dans l'attente pure et dans le profond égarement. Dans le fond de cette nuit, déjà, ils sont en marche. Je vous invite à entrer dans leur Sens et à vouloir avec eux aveuglément ce qui va être. Dans ce moment indécis où il semble que tout se tienne en suspens et que l'heure même hésite, je vous invite à leur suprême Désertion. Heureux qui sait se réjouir au cœur de la nuit, de cela seulement qu'il sait qu'elle est grosse, car les ténèbres lui porteront fruit, car la lumière lui sera prodiguée. Heureux qui laisse tout derrière lui et se prête sans gage ; et qui entend au fond de son cœur et de son ventre l'appel de la délivrance obscure, car le monde séchera sous son regard, pour renaître. Heureux qui abandonne sa barque au fort du courant, car il abordera sur l'autre rive. Heureux qu'il se déserte et s'abdique lui-même, et dans le cœur même des ténèbres n'adore plus rien que le profond accomplissement...

De nouveau, le prédicateur marqua une pause ; sa voix s'éleva maintenant plus lente et voilée de gravité.

– ... Je vous parle de Celui qu'on n'attendait pas, de Celui qui est venu comme un voleur de nuit. Je vous parle de lui ici en une heure de ténèbres et sur une terre peut-être condamnée. Je vous parle d'une nuit où il ne faut pas dormir. Je vous apporte la nouvelle d'une ténébreuse naissance, et je vous annonce que l'heure maintenant nous est présente où la terre une fois encore sera tout entière soupesée dans Sa main ; et le moment proche où à vous aussi il vous sera donné de choisir. Ô puissions-nous ne pas refuser nos yeux à l'étoile qui brille dans la nuit profonde et comprendre que du fond même de l'angoisse, plus forte que l'angoisse s'élève dans le ténébreux passage la voix inextinguible du désir. Ma pensée se reporte avec vous, comme à un profond mystère, vers ceux qui venaient du fond du désert adorer dans sa crèche le Roi qui apportait non la paix, mais l'épée, et bercer le Fardeau si lourd que la terre a tressailli sous son poids. Je me prosterne avec eux, j'adore avec eux le Fils dans le sein de sa mère, j'adore l'heure de l'angoissant passage, j'adore la Voie ouverte et la Porte du matin.

La foule brusquement ondula en s'agenouillant de cet affaissement sans hâte et presque paresseux des blés sous un coup de faux, et toute la profondeur de l'église reflua pour me gifler le visage dans un puissant, un sauvage murmure de prières. Elle priait épaule contre épaule, dans une immobilité formidable, figeant l'espace de ces hautes voûtes en un bloc si compact qu'il serrait les tempes et que l'air semblait soudain manquer à mes poumons. La fumée des cierges, tout à coup, me piqua les yeux âcrement. Je ressentais entre les épaules comme une pesée lourde, et l'espèce de nausée éblouissante qu'on éprouve à fixer un homme qui perd son sang. [...]

Julien Gracq, *Le rivage des Syrtes*, Paris, José Corti, 1951, p. 169-180.

20

Sur quelques livres à ne pas offrir à Noël
(1906)

Gilbert K. Chesterton

Gilbert K. Chesterton, victorien de naissance (1874), a vécu les deux pieds résolument dans l'époque moderne, non seulement parce qu'il est mort en 1936, mais aussi parce qu'il n'a eu de cesse d'interroger, de railler, de contester, de commenter sa société et ses contemporains. Auteur d'une œuvre imposante, tant par le volume que par le contenu, Chesterton est surtout connu des lecteurs, de nos jours, pour son personnage de détective original, le père Brown, prêtre catholique couleur muraille qui manie l'illogisme et le paradoxe avec la même force que l'art de la déduction. Les aventures du père Brown, qui courent sur plusieurs volumes, ne sont qu'une infime partie de l'œuvre de Chesterton, romancier, essayiste, biographe, journaliste, poète, satiriste, et auquel sa conversion au catholicisme en 1922 n'enlève rien de la verve et de l'esprit caustique qui le caractérisent. Le texte qui suit a paru en 1906. Il s'agit d'un parmi les milliers que Chesterton signa dans divers journaux anglais, notamment *The Illustrated London News*, où il a tenu une chronique pendant trente ans.

Dans cet article, qui a Noël pour sujet, Chesterton défend une certaine conception de la nature humaine qui fait de la bonté une valeur absolue et de l'insignifiance, une tentation inégalement repoussée. Qu'importe si les ouvrages auxquels il fait ici référence ont pour bon nombre d'entre eux sombré dans les oubliettes de l'histoire littéraire. *Sic transit gloria mundi*. Pour l'essentiel, le propos est toujours de saison : il y a de bons et de mauvais livres ; à chacun de reconnaître les siens. Déroutant Chesterton, géant Chesterton qui empoigne son lecteur, lui assène quelques paradoxes avant de le lâcher sur une pirouette, étourdi, un peu plus intelligent peut-être.

Sur quelques livres à ne pas offrir à Noël

9 janvier 1909

QUANT À MOI, je suis persuadé que notre pays, tôt ou tard, renouera avec une foi aussi vive que féconde, tout simplement parce que la religion répond vraiment à un besoin, au même titre qu'un bon feu en hiver. Privés de l'idée de transcendance, les gens meurent, et c'est de froid qu'ils meurent. Un peuple sans dieux est non seulement voué à disparaître ; il est aussi voué à périr d'ennui. Cependant, s'il est vrai que la foi est appelée à revenir en force, on peut s'intéresser dès maintenant aux quelques éléments qui auront su jeter un pont au-dessus du gouffre, se maintenir quand la foi reculait et qui seront toujours présents lorsqu'elle reviendra. Dès lors la façon anglaise de célébrer Noël risque fort de faire partie de ces détails instructifs. Le Père Noël était présent quand les fées nous ont quittés. Grâce à Dieu, il sera toujours là quand les dieux reviendront.

Comme toute chose vivante, il va de soi que le Noël anglais étouffe sous une chape de conventions et de mots vidés de leur substance. Je prends l'exemple qui me tombe sous la main. Dans les pages littéraires d'un journal dont je suis un fidèle lecteur, je tombe sur la réclame suivante, imprimée en gros caractères : « Livres à offrir à Noël ». Je passe en revue la sélection proposée et un titre me saute aux yeux. Mais c'est mon vieil ami *Éthique de la sexualité*, du professeur A. Forel, avec une introduction du Dr Saleeby! J'ai critiqué vertement cet ouvrage ici même, il y a quelques semaines. Je pense avoir alors suffisamment démontré que le livre du professeur Forel me paraît fort mal argumenté, voire essentiellement niais. Il n'empêche que je ne suis jamais allé jusqu'à penser qu'il était si franchement comique qu'il pouvait être lu à voix haute, dans l'hilarité générale, en présence de toute la famille réunie autour de la bûche de Noël. Quels que soient les mérites que je reconnaisse à la philosophie de Forel, il ne me serait jamais venu à l'esprit de ranger un ouvrage intitulé *Éthique de la sexualité* dans la catégorie «Livres à offrir à Noël». Il en va de même de l'ouvrage *Des criminels près de chez vous*. Celui-ci n'est pas dépourvu de qualités pour autant que je sache, mais il ne m'a jamais semblé de nature à pouvoir remplacer les crackers et les tartelettes le soir du réveillon. Quant aux *Fondements scientifiques du socialisme*[5], autre titre de la sélection ici proposée, on peut parier qu'il gâchera l'ambiance de quelque fête d'enfants à la veille de Noël qui lui préféreront un pot de miel ou une charade. Soyons clairs. Je ne suis pas en train de faire une sélection biaisée dans une liste de titres faciles et divertissants : tous sont du même acabit. Il y a bien dans la liste un titre sur Tolstoï. Mais qui veut entendre parler de Tolstoï le jour de Noël ? Aussi bien prendre des nouvelles de Mrs. Eddy. Il y a bien un livre de Mr. Belfort Bax, mais je suis persuadé qu'un gentleman aussi éminent et compétent serait outré si on s'avisait de lui dire qu'il est du genre à être offert à Noël. Il y a bien un livre sur Mr. Bernard Shaw. Il y a

---

[5] *Les fondements scientifiques du socialisme : deux essais sur l'évolution*, de Henry M. Bernard, a paru en 1908. Note de l'éditeur anglais, comme toutes les notes accompagnant cet article.

bien aussi un livre de Mr. Bernard Shaw. Mais Mr. Shaw n'aime pas du tout le Père Noël, et je suis sûr que le Père Noël n'aime pas non plus Mr. Shaw, quelles que soient ses qualités par ailleurs.

Je reconnais avoir sélectionné ces titres sur la base que Noël ne leur convenait pas. Mais, à bien y songer, je crois pouvoir affirmer sans me tromper que ce qui cloche avec ces livres, c'est qu'ils ne conviennent pas, eux, à Noël. De tels ouvrages n'ont rien de blâmable en soi, hormis le fait qu'ils ne conviennent pas à Noël. Le monde moderne dans son ensemble n'a rien de blâmable en soi, hormis le fait qu'il ne convient pas à Noël. Le monde moderne devra convenir à Noël ou disparaître. Ceux qui tournent le dos aux réjouissances de fin d'année en seront réduits à gémir sur l'année écoulée. Il faut accepter l'année nouvelle comme un fait nouveau. Il faut renaître. Nul plaisir d'ordre culturel ou littéraire ne saura combler celui qui refuse d'être régénéré en plongeant dans le bain glacé de la joie hivernale. Celui qui est incapable d'apprécier une devinette sera incapable d'apprécier un poème. Celui qui est incapable de partager la bûche de Noël ne recevra rien d'autre en partage. Noël est comme la mort, il est comme la naissance d'un enfant : une épreuve de courage, ni plus ni moins – la dernière qui subsiste sous nos cieux, de nos jours.

Aussi, pour bien comprendre en quoi le reproche d'insignifiance est ici particulièrement indiqué, reprenons l'un après l'autre les titres de la réclame. Pour le bénéfice des amateurs, essayons de voir pourquoi Noël semble n'avoir rien en commun avec ce genre d'ouvrages. Et pour le bénéfice de ceux qui aiment Noël, essayons de voir en quoi la simple mention de ces titres suffit à assombrir la fête. Il y a du reste une raison à cela, et elle est fort simple : en tous points, par leur esprit, ces ouvrages sont inférieurs à l'esprit de Noël.

Prenons notre ami Forel et son *Éthique de la sexualité*. Bien. Ce qui ne va pas avec l'éthique de la sexualité selon Forel tient simplement à une chose : ceux à qui il destine son ouvrage ne sont même pas assez grands pour atteindre la branche de gui. En matière de sexualité, tout jeune gens sain, garçon ou fille, se fera spontanément les deux réflexions suivantes : premièrement, que le sexe, c'est beau ; deuxièmement, que c'est dangereux. Or, tout ce que le cerveau de Forel arrive à formuler comme réflexion, et encore, en pataugeant dans une mare de mots, c'est que la sexualité est une mauvaise chose si elle trouble votre digestion, et qu'elle est une bonne chose si elle se révèle sans conséquence sur la vie de votre arrière-petite-fille. En clair, que les gens bien disposés envers le plaisir suivent sur ce point un instinct qui ne les trompe pas. D'une voix sentencieuse, on vous dira : le sexe mène au septième ciel à condition de lui fixer des limites. Il n'est pas nécessaire de justifier ces limites par la raison, mais il est nécessaire de les fixer. Là commence la pureté, et la pureté est le début de la passion. Ce qui revient à dire que la définition des règles de l'amour, voire du simple flirt, est la plus élémentaire manifestation de gros bon sens social. Aussi bien dire qu'il y a plus de philosophie dans une branche de gui que dans toute l'*Éthique de la sexualité*.

Passons maintenant à cet autre titre de Noël dont j'ai parlé, à savoir l'hilarant *Des criminels près de chez vous*. Qu'est-ce qui est commun à quasi tout être humain normalement constitué, avec le cœur à gauche et le cerveau bien irrigué – qu'est-ce qui fait du même individu un être vil et fournit des motifs d'amusement à l'ensemble d'une science appelée criminologie ? À bien y penser, je dirais que l'évidente stupidité des criminologues n'est pas la seule en cause. Ce n'est pas seulement parce que ceux-ci vous diront que, si Robespierre était féroce et sans pitié, c'est parce qu'il avait le front bas et que, si Charles Peace[6] était féroce et sans pitié, c'est parce qu'il avait le front bombé. C'est que, tout bien considéré, la démarche du criminologue a quelque chose de stupide, et que la meilleure façon de le rappeler, c'est de dire qu'on n'a pas envie de se sentir ainsi à Noël. Bombance ou grogne, toutes les réactions envers Noël prennent appui sur l'égalité des êtres humains entre eux, ou du moins sur ce qu'il est maintenant convenu d'appeler l'égalité des chances. Nul ne tirera une trop grand fierté d'avoir trouvé la fève dans la galette, parce qu'il sait que n'importe quel autre convive aurait pu en faire autant par hasard. Nul participant au jeu de *snap-dragon*[7] ne sera ridiculisé pour n'avoir pas réussi à attraper les plus beaux raisins, tout simplement parce que chacun sait que les enfants ont instinctivement peur du feu. Voilà qui donne de notre conception du crime et de l'innocence une image plus juste que toutes les démonstrations que je pourrais lire dans un ouvrage comme *Des criminels près de chez vous*. Dans ce genre de livres, des hommes qui savent pertinemment qu'ils seraient capables, dans certaines circonstances, de commettre un meurtre ou de fabriquer des faux (et je fais partie de ceux-là), se répandent en inepties sur la forme bizarre du crâne de l'individu qui songe à commettre un meurtre ou sur les doigts en spatule dont

---

[6] Charles Peace (1832-1879), assassin et criminel anglais.

[7] Jeu au cours duquel les participants, regroupés autour d'un plat flambé au brandy, tentent d'attraper des noisettes, des raisins, etc., puis se dépêchent de les avaler.

145

doit forcément être pourvu celui qui s'apprête à fabriquer un faux. Il n'empêche qu'on a moins envie de telles niaiseries à Noël parce qu'à Noël, tout n'est que bonté. Si j'en avais l'espace, je pourrais étendre la démonstration à chacun des titres mentionnés au début de cet article. Ce qui cloche avec *Les fondements scientifiques du socialisme*, c'est que ses fondements soient précisément scientifiques. Les vrais fondements de la vie n'ont rien de scientifique. Au plus profond, les fondements de la vie sont sentimentaux. D'un strict point de vue arithmétique, nul n'est tenu de vivre. Chacun peut mourir demain matin, et sans raison. D'un point de vue sentimental, la plupart des gens éprouvent un très vif désir de vivre – en particulier à Noël. Mais une fois qu'on a fait remarquer cela, ce qui va le plus à l'encontre de tous ces grands penseurs, Shaw, Tolstoï et les autres, c'est que c'est justement lorsque les hommes aspirent le plus à vivre qu'ils ont le moins envie de les lire.

Gilbert K. Chesterton, « Sur quelques livres à ne pas offrir à Noël », traduction de « The Wrong Books of Christmas », dans *Collected Works*, volume XXVIII, *The Illustrated London News 1908-1910*, San Francisco, Ignatius, 1986 [1906] ; traduit de l'anglais par Marie-Andrée Lamontagne pour la présente édition.

21

Sous le soleil de Satan
(1926)

Georges Bernanos

C'est un soleil noir, implacable et constant que celui de Satan qui brille ici-bas, comme le dépeint Bernanos dans ce roman de la démesure et de la haine du mal, cette dernière, chez les êtres d'exception, prenant parfois la forme d'un immense orgueil. L'abbé Donissan est de cette trempe. Ce jeune prêtre paysan, force de la nature, taillé tout d'un bloc, est un être d'exception. L'évêque l'a nommé vicaire auprès de l'abbé Demande, curé du village de Campagne, pour l'assister dans son sacerdoce. Là, l'abbé Donissan fera la connaissance d'un autre être d'exception, la jeune Mouchette, en révolte contre son milieu et la société. *Sous le soleil de Satan* peint la France profonde, au début du XXe siècle, une France à la fois païenne et catholique, mais déjà volontiers ricaneuse devant le surnaturel. Pour l'abbé Donissan, la figure de Satan n'appartient pas au surnaturel, dès lors que le mal existe. Un soir, il l'a d'ailleurs croisée au détour d'un chemin creux et s'est entretenu familièrement avec son vieil ennemi. Les prêtres qui ne croient pas au diable, écrit Bernanos, « ont lu trop de livres et n'ont pas assez confessé ». Cette vision pessimiste du monde est quelque peu tempérée par la naissance d'un certain enfant, il y a plus de 2000 ans, et dont le rappel, chaque année, est une trouée de lumière, cette fois divine. Le roman s'ouvre sur un entretien, la nuit de Noël, entre deux vieux prêtres amis, raisonnables et résignés devant la

faiblesse humaine : les abbés Menou-Segrais et Demande.
Le premier est le curé de Campagne. Il présente au second,
venu lui rendre visite, son jeune vicaire, l'abbé Donissan,
futur curé de Lumbres dont la ferveur populaire fera plus
tard un saint. Faisons nous aussi sa connaissance.

Sous le soleil de Satan

— **ME VOICI**, monsieur le chanoine, dit derrière eux une voix basse et forte.

Ils se retournèrent en même temps. Celui qui fut depuis le curé de Lumbres était là debout, dans un silence solennel. Au seuil du vestibule obscur, sa silhouette, prolongée par son ombre, parut d'abord immense, puis, brusquement – la porte lumineuse refermée –, petite, presque chétive. Ses gros souliers ferrés, essuyés en hâte, étaient encore blancs de mortier, ses bas et sa soutane criblés d'éclaboussures et ses larges mains, passées à demi dans sa ceinture, avaient aussi la couleur de la terre. Le visage, dont la pâleur contrastait avec la rougeur hâlée du cou, ruisselait de sueur et d'eau tout ensemble car, au soudain appel de M. Menou-Segrais, il avait couru se laver dans sa chambre. Le désordre, ou plutôt l'aspect presque sordide de ses vêtements journaliers, était rendu plus remarquable encore par la singulière opposition d'une douillette neuve, raide d'apprêt, qu'il avait glissée avec tant d'émotion qu'une des manches se retroussait risiblement sur un poignet noueux comme un cep. Soit que le silence prolongé du chanoine de son hôte achevât de le déconcerter, soit qu'il eût entendu – à ce que pensa plus tard le doyen de Campagne – les derniers mots prononcés par M. Demange, son regard, naturellement appuyé ou même anxieux, prit soudain une telle expression de tristesse, d'humilité si déchirante, que le visage grossier en parut, tout à coup, resplendir.

– Vous ne deviez pas vous déranger, dit avec pitié M. Demange. Je vois que vous ne perdez pas votre temps, que vous ne boudez pas à la besogne... Je suis néanmoins content d'avoir pu vous dire adieu.

Ayant fait un signe amical de la tête, il se détourna aussitôt, avec une indifférence sans doute affectée. Le chanoine le suivit vers la porte. Ils entendirent, dans l'escalier, le pas pesant du vicaire un peu plus pesant que d'habitude, peut-être... Dehors, le cocher, transi de froid, faisait claquer son fouet.

– Je suis fâché de vous quitter si tôt, dit l'abbé Demange, sur le seuil. Oui, j'aurais aimé, j'aurais *particulièrement* aimé passer cette nuit de Noël avec vous. Cependant, je vous laisse à plus puissant et plus clairvoyant que moi, mon ami. La mort n'a pas grand-chose à apprendre aux vieilles gens, mais un enfant, dans son berceau! *Et quel enfant!*... Tout à l'heure, le monde commence.

Ils descendaient le petit perron côte à côte. L'air était sonore jusqu'au ciel. La glace craquait dans les ornières.

– Tout est à commencer, toujours! – jusqu'à la fin, dit brusquement M. Menou-Segrais, avec une inexprimable tristesse.

Le tranchant de la bise rougissait ses joues, cernait ses yeux d'une ombre bleue, et son compagnon s'aperçut qu'il tremblait de froid.

– Est-ce possible! s'écria-t-il. Vous êtes sortis sans manteau et tête nue, par une telle nuit!

Mieux qu'aucune parole, en effet, cette imprudence du curé de Campagne marquait un trouble infini. Et à la plus grande surprise encore de l'abbé Demange – ou, pour mieux dire, à son indicible étonnement –, il vit, pour la première fois, pour une première et dernière fois, une larme glisser sur le fin visage familier.

– Adieu, Jacques, dit le doyen de Campagne, en s'efforçant de sourire. S'il y a des présages de mort, un manquement si prodigieux à mes usages domestiques, un pareil oubli des précautions élémentaires est un signe assez fatal...

Ils ne devaient plus se revoir.

Georges Bernanos, *Sous le soleil de Satan*, Paris, Plon, 1987 [1926], p. 79-81.

22

L'évangile selon Jésus-Christ
(1991)

José Saramago

La figure de Jésus fascine, ou n'est-ce pas plutôt ce que les hommes en ont fait qui donne envie aux écrivains de s'en emparer et d'en proposer une lecture critique? Le Portugais José Saramago, Prix Nobel de littérature en 1998, a poursuivi, jusqu'à sa mort en 2010, une œuvre exigeante et féconde qui ne cesse d'interroger la nature humaine dans son goût historique de la guerre et de la domination comme dans son besoin de croire. L'instrumentalisation des religions, le détournement politique et la reconduction, dans la sphère profane, des modalités et des attitudes de la foi, il fallait sans doute un athée doublé d'un grand écrivain pour en montrer l'étendue sans céder à une idéologie *a contrario*. *L'évangile selon Jésus-Christ* est à la fois un roman et une biographie fictive de Jésus. Sur les éléments les plus connus de cette vie, y compris le récit de la naissance à Bethléem qu'on lira dans un instant, Saramago jette un regard singulier qui fait de Jésus l'instrument involontaire d'un Dieu bien décidé à dominer les hommes. Au demeurant, le premier crucifié de cet évangile, c'est Joseph, victime, avec d'autres, de la répression royale exercée sur le peuple, mais d'abord rongé par la culpabilité. C'est que Joseph avait eu vent du grand massacre de nouveau-nés que s'apprêtait à commettre Hérode. Mais alors, loin de prévenir les autres, il avait fui. La faute du père rejaillira donc sur le fils, en l'occurrence

Jésus. Malgré plusieurs pieds de nez au dogme, *L'évangile selon Jésus-Christ* rejoint le christianisme à travers un axiome : tout homme a sa dignité. Celle-ci apparaît plus particulièrement dans le récit de la Nativité revu par Saramago. Avec son usage idiosyncratique de la ponctuation, des paragraphes et des majuscules, ce passage, comme l'ensemble de ce très beau roman, tient de la méditation sur l'injustice, la condition humaine, la solidarité. Dignité de l'homme, aussi bien dire sa grandeur.

L'évangile selon Jésus-Christ

*L*ES VOYAGEURS sortirent par la porte sud, prenant la route pour Bethléem d'un cœur léger, maintenant qu'ils sont si près de leur destination ils vont pouvoir se reposer des longues et dures étapes, encore qu'une autre et non négligeable fatigue attende la pauvre Marie qui, elle seule et personne d'autre, aura pour tâche de mettre au monde son enfant, Dieu sait où et comment. Car bien que Bethléem, selon les écritures, soit le lieu de la maison et du lignage de David auquel Joseph affirme appartenir, avec le passage du temps le charpentier n'y a plus de parents, ou s'il en a il n'a pas de nouvelles d'eux, circonstance négative qui laisse pressentir, alors que nous sommes encore en chemin, la difficulté qu'aura le couple à se loger, car vraiment Joseph ne peut pas en arrivant aller frapper à n'importe quelle porte et dire, J'ai avec moi mon enfant qui veut naître, et voir arriver la maîtresse de maison, toute souriante et joyeuse, Entrez, entrez, monsieur Joseph, l'eau est déjà chaude, la natte étendue sur le sol, le lange de lin préparé, mettez-vous à l'aise et faites comme chez vous. Il en aurait été ainsi à l'âge d'or, quand le loup, pour ne pas avoir à tuer l'agneau, se nourrissait d'herbes sauvages, mais cet âge-ci est dur et de fer, le temps des miracles soit est passé soit n'est pas encore arrivé, d'ailleurs on a beau dire, un miracle, un vrai miracle n'est pas une bonne chose s'il faut altérer la logique et la raison des choses pour les rendre meilleures. Joseph a presque envie de ralentir le pas pour affronter plus tard les difficultés qui l'attendent, mais la pensée qu'il aura bien plus de difficultés encore si son enfant naît au milieu du chemin le pousse à presser le pas de l'âne, animal résigné qui est le seul à savoir comment il peut encore avancer tant il est fatigué, car Dieu, s'il sait quelque chose, c'est à propos des hommes, et encore pas de tous, car ceux qui vivent comme des ânes, ou pire, sont innombrables, or Dieu ne s'est pas donné la peine de le vérifier et d'y pourvoir. Un compagnon de voyage avait dit à Joseph qu'à Bethléem il y avait un caravansérail, secours social qui à première vue résoudra le problème de la difficulté d'installation que nous avons minutieusement analysée, mais même un charpentier fruste a droit à ses pudeurs, imaginons la honte que serait pour cet homme de voir sa propre femme exposée à des curiosités malsaines, un caravansérail tout entier en train de chuchoter des grossièretés, surtout ces âniers et ces chameliers qui sont aussi bruts que les bêtes qu'ils fréquentent, leur cas à eux étant beaucoup plus grave en comparaison, car ils ont le don divin de la parole et elles pas. Joseph décide donc d'aller demander aide et conseil aux anciens de la synagogue et il est surpris en son for intérieur de ne pas y avoir pensé plus tôt. Maintenant, le cœur est un peu plus léger, il pense qu'il serait bon de demander à Marie comment vont ses douleurs, pourtant il ne prononce pas le mot, souvenons-nous que tout cela est sale et impur, depuis la fécondation jusqu'à la naissance, ce sexe terrifiant de la femme, gouffre et abîme, siège de tous les maux du monde, l'intérieur labyrinthique, le sang et les humeurs, les écoulements, la perte des eaux, l'arrière-faix répugnant, mon Dieu, pourquoi as-tu voulu que tes enfants favoris, les hommes, naissent de l'immondice, alors qu'il aurait été préférable, pour toi et pour nous, de les faire de lumière et de transparence, hier, aujourd'hui et demain, le premier d'entre eux, celui du milieu et le dernier, et de même pour tous, sans différence entre nobles et plébéiens, entre rois et charpentiers, tu te contenterais d'apposer un signe effrayant sur ceux qui en grandissant seraient destinés à devenir irrémédiablement immondes. Retenu par tous ces scrupules, Joseph finit par poser la question d'un ton presque indifférent, comme si, occupé par des questions supérieures, il condescendait à s'informer de servitudes mineures, Comment te sens-tu, dit-il, et c'était justement l'occasion d'entendre une réponse neuve, car Marie, quelques moments plus tôt avait commencé à remarquer une différence dans la configuration des douleurs qu'elle éprouvait, mot excellent que celui-ci, mais employé à rebours car il serait bien plus exact de dire que c'étaient finalement les douleurs qui éprouvaient Marie.

Ils marchaient déjà depuis plus d'une heure et Bethléem ne pouvait plus être très loin. Or, sans que l'on pût comprendre pourquoi, car les choses ne sont pas toujours accompagnées de leur propre explication, la route était déserte depuis que tous deux avaient quitté Jérusalem, ce qui peut sembler étonnant, Bethléem étant si près de la ville, et il serait naturel qu'il y ait là un va-et-vient continu de gens et de bêtes. Depuis l'endroit où la route avait bifurqué, quelques stades après Jérusalem, une voie allant vers Beer-Sheva et celle-ci vers Bethléem, c'était comme si le monde s'était refermé, replié sur lui-même, si le monde pouvait être représenté par une personne nous dirions qu'il se couvrait les yeux avec son manteau, écoutant le pas des voyageurs comme nous écoutons le chant d'oiseaux que nous ne pouvons voir, cachés dans les branches, les oiseaux, mais nous aussi, car c'est ainsi que nous imaginent les oiseaux dissimulés dans le feuillage. Joseph, Marie et l'âne avaient traversé le désert, car le désert n'est pas ce que l'on pense vulgairement, désert est tout ce qui est absence d'hommes, encore que nous ne devions pas oublier qu'il n'est pas rare de trouver des déserts et des aridités mortelles au milieu de la foule. À droite se trouve le tombeau de Rachel, l'épouse que Jacob dut attendre quatorze ans, après sept ans de service accompli on lui donna Lia et seulement au bout d'un nombre égal d'années la femme aimée, laquelle devait mourir à Bethléem en donnant le jour à un enfant auquel Jacob donnerait le nom de Benjamin, ce qui veut dire fils de ma main droite, mais qu'avant sa mort elle avait nommé à fort juste titre Benoni, ce qui signifie fils de mon malheur, Dieu veuille que cela ne soit pas un présage. On distingue à présent les premières maisons de Bethléem, couleur de terre comme celles de Nazareth, mais celles-ci semblent pétries de jaune et de gris et elles sont livides sous le soleil. Marie est presque évanouie, son corps se déséquilibre à chaque instant au-dessus de la couffe, Joseph doit la soutenir, et elle, pour mieux pouvoir se retenir, passe un bras par-dessus son épaule, dommage que nous soyons dans le désert et que personne ne soit là pour voir une si jolie image, si hors de l'ordinaire. Ils entrent ainsi à Bethléem.

Joseph demanda tout de même où était le caravan-sérail, car il avait pensé qu'ils pourraient peut-être se reposer là pendant le restant du jour, et pendant la nuit, puisque malgré les douleurs dont Marie continuait à se plaindre il ne semblait pas que l'enfant fût déjà sur le point de naître. Mais le caravansérail, de l'autre côté du village, sale et bruyant, mélange de bazar et d'écurie comme tous ces endroits, même s'il n'était pas encore plein car il était tôt, n'avait pas un seul recoin abrité qui fût libre et vers la fin de la journée ce serait bien pire encore, avec l'arrivée des chameliers et des âniers. Les voyageurs revinrent sur leurs pas, Joseph laissa Marie sur une petite place entre des murs de maisons, à l'ombre d'un figuier, et il se mit en quête des anciens, comme il avait d'abord envisagé de le faire. Le simple zélateur qui se trouvait dans la synagogue ne put rien faire d'autre qu'appeler un gamin qui jouait par là et l'envoyer conduire l'étranger à un des anciens qui, on pouvait l'espérer, prendrait les mesures appropriées. Le sort, qui protège les innocents quand il se souvient d'eux, le sort voulut que Joseph, lors de cette nouvelle démarche, dût passer sur la place où il avait laissé sa femme, cela sauva Marie, car l'ombre maléfique du figuier était presque en train de la tuer, négligence impardonnable de la part de l'un et de l'autre dans une contrée où ces arbres abondent et où l'on a l'obligation de savoir ce qu'on peut en attendre de mauvais et de bon. De là, ils s'en furent tous comme des condamnés à la recherche de l'ancien, qui finalement était dans les champs et ne reviendrait pas de sitôt, telle fut la réponse qu'on donna à Joseph. Alors le charpentier prit son courage à deux mains et demanda d'une voix sonore si dans cette maison là-bas ou dans une autre, Si vous m'entendez, quelqu'un voudrait-il, au nom de Dieu qui voit tout, donner un refuge à sa femme qui est sur le point d'avoir un enfant, il doit sûrement y avoir par là un coin à l'abri, les nattes il les avait avec lui. Et aussi, Où pourrais-je trouver dans ce village une matrone pour aider à l'accouchement. Le pauvre Joseph disait honteusement ces choses énormes et intimes, encore plus honteux de se sentir rougir en les disant. L'esclave qui l'écoutait à la porte s'en fut porter à l'intérieur le message, la requête et la protestation, cela prit du temps, elle revint avec la réponse, ils ne pouvaient pas rester là, qu'ils cherchent une autre maison mais qu'ils ne la tiennent pas pour certaine, et sa maîtresse leur faisait dire que le mieux pour eux serait encore de s'abriter dans une des nombreuses grottes qu'il y avait sur ces coteaux. Et la matrone, demanda Joseph, à quoi l'esclave répondit que si ces maîtres l'y autorisaient et si lui acceptait, elle-même pourrait aider, car les occasions de voir et d'apprendre ne lui avaient pas manqué dans la maison, tout au long de ces années. En vérité, ces temps sont bien durs, confirmation vient d'en être donnée à l'instant même, où une femme sur le point d'avoir un enfant venant frapper à notre porte, nous lui refusons la remise dans la cour et nous l'envoyons accoucher dans une grotte comme les ourses et les louves. Toutefois nous eûmes un sursaut de conscience et, nous levant d'où nous étions, nous allâmes à la porte voir qui étaient ces gens qui cherchaient un abri pour une raison aussi urgente et hors de l'ordinaire, et quand nous aperçûmes l'expression douloureuse de la malheureuse créature, notre cœur de femme s'apitoya et nous justifiâmes notre refus avec paroles mesurées, arguant du manque de place, Les fils et les filles sont si nombreux dans cette maison, les petits-fils et les petites-filles, les gendres et les brus, que nous ne pouvez loger ici, mais l'esclave vous mènera à une grotte qui nous appartient et qui a servi d'étable, vous y serez installés commodément, il n'y a pas de bêtes là-bas en ce moment, et ayant dit ces choses et écouté les remerciements de ces pauvres gens, nous nous retirâmes dans ce refuge qu'était notre foyer, éprouvant dans les tréfonds de notre âme le réconfort ineffable que donne la paix de la conscience.

Avec toutes ces allées et venues, ces marches et ces haltes, ces requêtes et ces demandes, le bleu vif du ciel s'était atténué, le soleil ne tardera pas à se cacher derrière la montagne. L'esclave Zélomi, car tel est son nom, marche devant, guidant les pas, elle porte un pot avec des braises pour le feu, un poêlon d'argile pour chauffer l'eau, du sel pour frotter le nouveau-né, car il ne faudrait pas qu'il attrape une infection. Et comme Marie a assez de linge et que Joseph a dans sa besace le couteau avec lequel le cordon ombilical sera coupé, si Zélomi ne préfère pas le trancher avec ses dents, l'enfant peut naître, finalement une étable fait aussi bien l'affaire qu'une maison et seul qui n'a pas eu l'heur de dormir dans une mangeoire ignore qu'il n'y a rien au monde qui ressemble plus à un berceau. L'âne, lui au moins, ne verra pas de différence, la paille est la même au ciel et sur la terre. Ils arrivèrent à la grotte vers l'heure de tierce, quand le crépuscule en suspens dorait encore les collines, et s'ils tardèrent, ce ne fut pas tellement à cause de la distance, mais parce que Marie, maintenant qu'elle avait le gîte garanti et qu'elle pouvait enfin s'abandonner à la souffrance, implorait par tous les anges qu'on la conduisît avec précaution, car chaque glissement des sabots de l'âne sur les pierres lui faisait connaître les affres de l'agonie. Dans la caverne il faisait sombre, la lumière extérieure affaiblie s'arrêtait d'emblée à l'entrée, mais bientôt, approchant une poignée de paille des braises et soufflant dessus, avec le bois sec qui se trouvait là l'esclave fit une flambée qui fut comme une aurore. Puis elle alluma la lampe suspendue à une saillie du mur et, ayant aidé Marie à s'étendre, elle alla chercher de l'eau au puits de Salomon tout près de là. Quand elle revint, elle trouva Joseph complètement désemparé, ne sachant que faire, et nous ne devons pas le blâmer, car on n'apprend pas aux hommes à se comporter utilement dans ce genre de situations, d'ailleurs ils ne veulent pas apprendre, tout ce qu'ils seront capables un jour de faire c'est de prendre la main de leur femme souffrante et d'attendre que tout se passe pour le mieux. Marie toutefois est seule, le monde s'écroulerait d'étonnement si un Juif de ce temps-là osait faire ce petit geste. L'esclave entra, prononça une parole de soutien, Courage, puis s'agenouilla entre les jambes écartées de Marie, car les jambes des femmes doivent être ainsi écartées pour ce qui entre et pour ce qui sort, Zélomi avait perdu le compte des enfants qu'elle avait vus naître et la souffrance de cette femme est pareille à celle de toutes les autres femmes, ainsi qu'il fut décidé par le Seigneur quand Ève pécha par désobéissance, J'augmenterai les souffrances de ta grossesse et tes enfants naîtront dans la douleur, et aujourd'hui, au bout de tant de siècles, avec tant de douleur accumulée, Dieu ne se tient toujours pas pour satisfait et l'agonie continue. Joseph n'était déjà plus là, il n'est même pas à l'entrée de la grotte. Il a fui pour ne pas entendre les cris, mais les cris le poursuivent, c'est comme si la terre elle-même criait, à tel point que trois bergers qui passaient non loin de là avec leurs troupeaux de brebis s'en furent vers Joseph pour lui demander, Qu'est-ce que c'est cela, on dirait que la terre crie, et il répondit, C'est ma femme qui accouche dans cette grotte, et ils dirent, Tu n'es pas d'ici, nous ne te connaissons pas, Nous sommes venus de Nazareth en Galilée pour le recensement, à l'heure où nous sommes arrivés ses douleurs se sont accrues et maintenant l'enfant est en train de naître. Le crépuscule permettait à peine de voir le visage des quatre hommes, bientôt leurs traits s'effaceraient complètement mais les voix poursuivaient, elles, Tu as la nourriture, demanda un des bergers, Peu, répondit Joseph, et la même voix, Quand tout sera terminé, viens me le dire et je t'apporterai du lait de mes brebis, et aussitôt on entendit une deuxième voix, Et moi je te donnerai du fromage. Il y eut un long silence inexpliqué avant que le troisième berger ne parle. Finalement, d'une voix qui semblait elle aussi venir de sous la terre, il dit, Et moi je lui apporterai du pain.

L'enfant de Joseph et de Marie naquit comme tous les enfants des hommes, sale du sang de sa mère, visqueux de ses mucosités et souffrant en silence. Il pleura parce qu'on le fit pleurer, et il pleurera pour ce même et unique motif. Enveloppé de langes, il repose dans la mangeoire, non loin de l'âne, mais il n'y a pas de danger qu'il soit mordu, car la bête est attachée court. Zélomi sortit enterrer l'arrière-faix au moment où Joseph approchait. Elle attend qu'il entre et reste à respirer la brise fraîche du crépuscule, aussi fatiguée que si c'était elle qui avait accouché, c'est ce qu'elle s'imagine car elle n'a jamais eu d'enfants à elle.

Descendant de la colline, trois hommes approchent. Ce sont les bergers. Ils pénètrent ensemble dans la grotte. Marie est couchée et a les yeux fermés. Joseph, assis sur une pierre, appuie le bras sur le rebord de la mangeoire et semble garder son fils. Le premier berger s'avança et dit, De ces mains j'ai trait mes brebis et j'ai recueilli leur lait. Marie, ouvrant les yeux, sourit. Le deuxième berger s'approcha et dit à son tour, De ces mains j'ai travaillé le lait et j'ai fabriqué le fromage. Marie fit un signe de tête et sourit de nouveau. Alors le troisième berger fit un pas en avant, aussitôt il parut remplir la grotte de sa haute stature et il dit, mais il ne regardait ni le père ni la mère de l'enfant nouveau-né, De mes mains j'ai pétri ce pain que je t'apporte, je l'ai cuit avec le feu qui se trouve seulement à l'intérieur de la terre. Et Marie sut qui il était. [...]

José Saramago, *L'évangile selon Jésus-Christ*, traduit du portugais par Geneviève Leibrich, Paris, Le Seuil, coll. «Points», 1993 [1991 pour l'édition originale portugaise], p. 81-87.

23

L'escarboucle bleue
(1892)

Arthur Conan Doyle

Les fans, qui souvent se croient malins, croient tout savoir de Sherlock Holmes. Qu'il porte une cape, qu'il regarde le monde à travers une loupe, qu'il répète sans arrêt : « Élémentaire, mon cher Watson. » Faux. Le vrai Sherlock Holmes, comme l'a voulu son créateur, Sir Arthur Conan Doyle, est un célibataire excentrique, à l'intelligence affûtée, et qui combat ses accès de mélancolie en jouant du violon ou en s'injectant de l'héroïne, tout cela fort dignement au coin du feu. Au moment où il fait la connaissance de celui dont il deviendra l'inséparable ami, le Dr Watson rentre d'Afghanistan. Aussi esquissés qu'ils soient, ces quelques traits devraient donner envie au lecteur de tourner le dos au cinéma, faiseur de clichés, pour mieux plonger dans les romans et les nouvelles de Conan Doyle qui ont Sherlock Holmes pour héros. Les aventures de Sherlock Holmes ont pour la plupart paru dans le *Strand*, en feuilleton, avant d'être réunies en volumes et de connaître un succès si considérable que le sort du héros échappera à la volonté de l'auteur. Ainsi, ce dernier l'ayant fait mourir un jour, il devra le ramener à la vie dans un autre épisode, sous la pression des lecteurs : ô littérature toute-puissante. C'est une escarboucle bleue, c'est-à-dire une pierre précieuse, qui donne son titre au récit dont on lira maintenant le début. Pour l'instant, il n'est pas encore fait mention du caillou et pas davantage du fait qu'il appartenait à la comtesse Morcar et qu'il lui fut volé. Et pour cause. Ce qui saute à la figure de nos deux compères, en ce matin de Noël, c'est plutôt une oie, belle, grasse à souhait et malgré tout bizarre, comme le découvrira le lecteur qui ne pourra sans doute s'empêcher de vouloir lire par ailleurs la suite du récit, intrigué comme le fut le célèbre détective lorsqu'il mit la main sur un certain chapeau melon. Le détail révélateur : tout Sherlock Holmes est là.

L'escarboucle bleue

J'ÉTAIS VENU rendre visite à mon ami Sherlock Holmes le surlendemain de Noël, avec l'intention de lui présenter ce matin-là les souhaits de saison. Il paressait sur le canapé, vêtu d'une robe de chambre pourpre, un râtelier à pipes à proximité sur sa droite, et une pile de journaux du matin froissés, qui venaient visiblement d'être étudiés, à portée de main. À côté du divan se trouvait une chaise en bois, et à l'angle du dossier était suspendu un chapeau melon de feutre râpé et miteux, très usé et craquelé en plusieurs endroits. Une loupe et un forceps posés sur le siège semblaient indiquer que le chapeau avait été placé de la sorte pour être examiné.

– Vous êtes occupé, dis-je. Peut-être que je vous interromps.

– Pas du tout. Je suis heureux d'avoir un ami avec qui discuter de mes résultats. Le problème est particulièrement banal (il pointa son pouce en direction du chapeau) mais certains détails qui y sont associés ne sont pas entièrement dépourvus d'intérêt, et s'avèrent même instructifs.

Je m'assis dans son fauteuil et me chauffai les mains devant le feu qui crépitait, car il s'était mis à geler à pierre fendre, et les fenêtres étaient couvertes de cristaux de glace.

– Je suppose, observai-je, qu'avec l'air peu engageant qu'elle a, cette chose est liée à une histoire terrible, et qu'elle est l'indice qui vous mènera à la solution de quelque mystère et au châtiment d'un crime.

– Non, non. Pas de crime, dit Sherlock Holmes en riant. Juste l'un de ces petits incidents étranges qui surviennent lorsque quatre millions d'êtres humains se bousculent dans un espace de quelques kilomètres carrés. Parmi les actions et les réactions d'un grouillement humain aussi dense, on peut s'attendre à ce que surviennent toutes les combinaisons possibles d'événements, et de nombreux petits problèmes potentiellement étonnants et bizarres sans être délictueux peuvent se présenter. Nous en avons déjà rencontré de tels.

– À tel point, remarquai-je, que sur les six dernières affaires que j'ai ajoutées à mes notes, trois étaient entièrement dénuées de tout crime à caractère judiciaire.

– Tout à fait. Vous faites allusion à ma tentative pour récupérer les documents d'Irene Adler, au cas singulier de Miss Mary Sutherland, et à l'aventure de l'homme à la lèvre tordue. Et je n'ai aucun doute sur le fait que ce petit problème échouera dans la même innocente caté-gorie. Vous connaissez Peterson, le commissionnaire ?

– Oui.

– C'est à lui que ce trophée appartient.

– C'est son chapeau ?

– Non, non. Il l'a trouvé. Son propriétaire est inconnu. Je vous prie de l'examiner non comme un vieux melon cabossé, mais comme un problème intellectuel. Et, en premier lieu, la manière dont il a atterri ici. Il est arrivé le matin du jour de Noël, en compagnie d'une bonne oie bien grasse qui est, j'en suis sûr, en train de rôtir devant la cheminée de Peterson. Voici les faits : vers quatre heures du matin le jour de Noël, Peterson, qui, comme vous le savez, est un type très honnête, revenait de quelque petite réjouissance et marchait en direction de chez lui le long de Tottenham Court Road. Il aperçut en face de lui, à la lumière d'un bec de gaz, un homme grand, qui marchait en titubant légèrement et qui portait une oie blanche sur l'épaule.

En arrivant à l'angle de Goodge Street, une dispute éclata entre cet inconnu est un petit groupe de voyous. L'un d'entre eux fit tomber le chapeau de l'homme, sur quoi l'homme leva sa canne pour se défendre et, en la balançant au-dessus de sa tête, fracassa la vitre du magasin qui se trouvait derrière lui. Peterson s'était rué pour protéger l'inconnu de ses assaillants, mais l'homme, horrifié d'avoir cassé la vitre et découvrant quelqu'un en uniforme et d'aspect officiel, lâcha son oie, se sauva et disparut dans le labyrinthe des petites rues qui se trouvent à l'arrière de Tottenham Court Road. Les voyous s'étaient également envolés en voyant Peterson, et il fut donc laissé en possession du champ de bataille et des trophées de la victoire, sous la forme de ce chapeau cabossé et d'une oie absolument irréprochable.

– Qu'il a certainement rendus à leur propriétaire ?

– Mon cher ami, c'est là que réside le problème. Il est vrai qu'il était écrit « Pour Mrs. Henry Baker » sur une petite carte attachée à la patte gauche de l'oiseau, et il est également vrai qu'on peut lire les initiales « H. B. » sur la doublure de ce chapeau ; mais, comme il y a dans notre bonne ville quelques milliers de Baker et quelques centaines de Henry Baker, il n'est pas aisé de restituer un objet égaré à l'un d'entre eux.

– Et qu'a fait Peterson en fin de compte ?

– Il m'a directement apporté le chapeau et l'oie le matin du jour de Noël, sachant que même les plus petits problèmes m'intéressent. Nous avons gardé l'oie jusqu'à ce matin, où elle a commencé à présenter des signes indiquant qu'en dépit du léger gel il serait bien qu'elle soit mangée sans tarder. Celui qui l'a découverte l'a par conséquent emportée pour accomplir l'inéluctable destin d'une oie, tandis que j'ai conservé le chapeau de l'inconnu qui a perdu son repas de Noël. [...]

Arthur Conan Doyle, «L'escarboucle bleue», dans *Les aventures de Sherlock Holmes*, nouvelle traduction d'Éric Wittersheim, Paris, Omnibus, 2005 [1892], p. 651-655.

24

Un sentier battu
(1941)

Eudora Welty

Avec Tennessee Williams et Flannery O'Connor, Eudora Welty fait partie de l'école littéraire américaine appelée les Écrivains du Sud et qui compte quelques grands écrivains. Eudora Welty est née en 1909, à Jackson, dans l'État du Mississippi. Elle ne s'est pas mariée, n'a jamais quitté sa ville natale, hormis pour une résidence d'écrivain d'été à Bread Loaf au Vermont et une série de reportages photographiques dans l'État du Mississippi, au moment de la Grande Dépression. Vers la fin de sa longue vie (elle mourut en 2001 à l'âge de 92 ans), Welty jouissait aux États-Unis d'une réputation aussi considérable que méritée. Ses nouvelles sont un mélange singulier d'impressionnisme et de réalisme, loin de tout pathos.

Ainsi, dans « Un sentier battu », à l'approche de Noël, une vieille Noire emprunte chaque année la piste Natchez qui la mène à la ville du même nom, où elle reçoit gratis un certain médicament pour son petit-fils, atteint d'une maladie incurable. Ce monde est sans pitié. Que peut, contre les mauvaises rencontres de la route, une vieille femme, pauvre, analphabète et sans défense? Rien, sinon ruser. Voici un chien menaçant, voici son maître arrogant, jeune chasseur qui ne voit même pas qu'une pièce de dix sous – aussi bien dire une fortune pour la vieille – vient de s'échapper de sa poche. Voici qu'on entend des coups de feu dans les broussailles. À qui sont-ils destinés ? Enfin, voici la ville de Natchez, rutilante des lumières de Noël, et ses passants, riches, affairés. Le lecteur y est lui aussi. Voici le bureau d'aide sociale, voici l'infirmière. Et une vieille femme, bien décidée à survivre à ce monde hostile et à rendre son petit-fils heureux, au moins à Noël.

Un sentier battu

DANS LA CITÉ AUX RUES PAVÉES, c'était l'époque de Noël. Partout des ampoules rouges et vertes formaient des guirlandes qui s'entrecroisaient, toutes allumées en plein jour. La vieille Phoenix se serait perdue si elle s'était fiée à sa vue plutôt qu'à ses pieds qui savaient où la conduire. [...]

Avançant à pas lents, en se dandinant, elle entra dans le grand bâtiment, pénétra dans la tour de l'escalier, où elle se mit à monter, à tourner, à tourner encore jusqu'au moment où ses pieds surent où s'arrêter.

Elle franchit une porte, et là, elle vit, suspendu au mur, le document au sceau d'or, au cadre doré correspondant au rêve qui lui trottait dans la tête.

– J'y suis», dit-elle. Tout son corps se raidit en une attitude solennelle.

– C'est pour le bureau d'aide sociale, je suppose? lui demanda une employée assise derrière un guichet.

Mais Phoenix gardait les yeux fixés au-dessus d'elle. Elle avait le visage couvert de sueur et ses rides se détachaient sur sa peau comme un réseau lumineux.

– Parlez plus fort, grand-mère, lui dit la femme. Quel est votre nom? Il faut nous raconter votre petite histoire, vous savez bien. Êtes-vous déjà venue ici? Qu'est-ce qui ne va pas?

Seul un frémissement parcourut le visage de la vieille Phoenix, comme si une mouche l'importunait.

– Êtes-vous sourde? s'écria l'employée.

Sur ce, l'infirmière entra.

– Ah, mais c'est notre bonne vieille Phoenix, dit-elle. Ce n'est pas pour elle-même qu'elle vient. Elle a un petit-fils. Elle vient nous voir avec la régularité d'une horloge. Elle habite loin, de l'autre côté de l'ancienne piste de Natchez.» Elle se pencha en avant. «Eh bien, tante Phoenix, pourquoi ne vous vous asseyez-vous donc pas? On ne va pas vous laisser debout après votre long voyage.» Elle indiqua une chaise.

La vieille femme s'assit, droite comme un i sur la chaise.

– Alors, comment va le petit? demanda l'infirmière.

La vieille Phoenix ne dit mot.

– Je vous ai demandé comment va le petit.

Mais Phoenix se contentait d'attendre, le regard fixé, droit devant elle, le visage très digne, et confiné dans sa rigidité.

– Sa gorge va-t-elle mieux? demanda l'infirmière. Tante Phoenix, ne m'entendez-vous pas? Est-ce que la gorge de votre petit-fils va mieux depuis que vous êtes venue chercher le médicament la dernière fois?

Les mains sur les genoux, la vieille femme attendait, muette, droite et immobile, comme si elle eût porté une cuirasse.

– Faut pas nous faire perdre notre temps comme ça, tante Phoenix, dit l'infirmière. Dites-nous rapidement comment va votre petit-fils, et finissons-en. Il n'est pas mort, n'est-ce pas?

Enfin apparut une lueur, et bientôt une flamme d'intelligence, et elle se mit à parler.

– Mon petit-fils. C'était ma mémoire qui m'abandonnait. Je m'étais assise là, et j'avais oublié pourquoi j'avais fait mon long voyage.

– Oublié ?» L'infirmière fronça les sourcils. «Après un si long voyage ?»

Phoenix parut alors telle une vieille femme qui solliciterait une compréhension bienveillante pour s'être réveillée pendant la nuit, sous le coup d'une frayeur.

– Je n'ai jamais été à l'école, dit-elle d'une voix douce, j'étais trop vieille au moment de la reddition. Je suis une vieille femme sans instruction. C'est ma mémoire qui m'a manqué. Mon petit-fils, il est toujours pareil, et pendant la route j'ai oublié.

– La gorge ne guérit toujours pas ?» dit l'infirmière en s'adressant à Phoenix d'une voix forte et assurée. Elle avait maintenant une fiche avec quelque chose d'écrit, une petite liste. «Oui. Il a avalé de l'eau de lessive. Quand était-ce ? Janvier – il y a deux ou trois ans...»

Phoenix se mit à parler sans qu'on le lui demandât.

– Non, ma petite dame, il n'est pas mort, il est toujours pareil. De temps en temps sa gorge recommence à se serrer et il peut plus avaler. Il perd le souffle. Il peut rien faire tout seul. Aussi, quand le temps est venu, je fais un nouveau voyage pour chercher le médicament qui soulage.

– Très bien. Le docteur a dit qu'aussi longtemps que vous viendriez le chercher, on vous le donnerait gratuitement, dit l'infirmière. Mais c'est un cas rebelle.

– Mon petit-fils, il est assis là-bas à la maison, tout seul en train d'attendre, poursuivit Phoenix. Nous deux, on est seuls au monde. Il souffre mais ça n'semble pas l'empêcher de pousser. Il est mignon. Il va tenir. Sous son petit édredon, il vous jette un regard furtif, la bouche ouverte, comme un petit oiseau. Je me souviens, si clair, maintenant. J'm'en vais point l'oublier encore, pour sûr, tout l'temps que ça durera. J'pourrais le reconnaître parmi tous les gars de la création.

– Très bien.» L'infirmière essayait de la faire taire maintenant. Elle lui apporta un flacon de médicaments.

«Aide sociale», dit-elle en l'inscrivant sur un registre.

La vieille Phoenix éleva le flacon pour l'examiner de près, puis le rangea soigneusement dans sa poche.

– Je vous remercie, dit-elle.

– C'est Noël, grand-mère, dit l'employée. Puis-je vous offrir quelques pennies?

– Cinq pennies font une pièce d'un nickel, dit Phoenix avec raideur.

– Voilà un nickel, dit l'employée.

Phoenix se leva précautionneusement, et tendit la main. Elle reçut la pièce, et soutira l'autre pièce de sa poche pour la poser à côté de la nouvelle. Elle se mit à examiner la paume de sa main, avec attention, la tête penchée sur le côté.

Puis elle frappa le sol de sa canne.

– Voici ce que j'm'en vais faire, dit-elle, j'm'en vais aller au magasin acheter à mon enfant un p'tit moulin qu'i vendent, en papier. Il ne va point croire qu'il existe une chose pareille au monde. Je m'en vais marcher pour m'en retourner où qu'il attend, en le tenant droit dans cette main.

Elle souleva sa main libre, salua d'un petit signe de tête, tourna les talons, et sortit du cabinet du médecin. Puis, de son pas lent, elle se mit à descendre.

Eudora Welty, «Un sentier battu», dans *L'homme pétrifié*, traduit de l'anglais par Michel Gresset et Armand Himy, Paris, Flammarion, 1986 [1941], p. 291-295.

25

Orgueil et préjugés
(1813)

Jane Austen

Dans le chef-d'œuvre de finesse, d'ironie et d'intelligence des êtres qu'est *Orgueil et préjugés*, l'hiver est la saison où l'amour s'éprouve dans la distance. Tout un monde sépare Longburn, où habite la famille Bennet, et Londres, où habitent les Gardiner, frère et belle-sœur de Mrs. Bennet. Entre ces deux lieux, la distance n'est pas que géographique. Elle renvoie à celle qui se creuse entre la campagne paisible et la grande ville agitée, entre une *gentry* formée de propriétaires terriens, à laquelle appartient Mr. Bennet, et la bourgeoise marchande, à laquelle appartient le négociant Mr. Gardiner. Elle marque surtout celle qui s'installe entre deux cœurs épris que séparent les malentendus de l'amour naissant, fortifié par la contrariété.

Sur quoi, Noël survient. C'est l'extrait qu'on va lire. Quelle importance cette fête a-t-elle dans le roman de Jane Austen ? Finalement fort peu, et c'est bien ce qui rend ce passage intéressant. Là comme ailleurs, dans le roman, la grande affaire, c'est le mariage, en particulier lorsqu'il semble ne jamais devoir être contracté. De ce point de vue, l'hiver prend toute sa signification : attente, froid, mort de l'amour peut-être. Quant à l'espérance, au cœur de la symbolique de Noël, elle n'est plus qu'une toute petite flamme, du moins chez l'aînée des filles Bennet, à la merci du premier coup de vent.

Dans ce bref passage, tout l'art de Jane Austen consiste une fois de plus à ouvrir des abîmes d'observations psychologiques à partir d'un détail, par exemple la note futile qui clôt la tirade de Mrs. Bennet, qui voudrait tant marier ses filles.

Orgueil et préjugés

*L*E SAMEDI, après une semaine vouée aux tendres aveux et au projet de bonheur, Mr. Collins fut enlevé à son aimable Charlotte. Mais préparer la venue de son épouse adoucirait sans doute le chagrin de cette séparation, car, sitôt de retour dans le Hertfordshire, il avait tout lieu d'espérer qu'on fixerait le jour qui ferait de lui le plus heureux des hommes. Il prit congé de ses cousins de Longbourn avec autant de solennité que jamais; il souhaita derechef santé et bonheur à ses belles cousines, et promit à leur père une seconde lettre de remerciements.

Le lundi suivant, Mrs. Bennet eut le plaisir d'accueillir son frère et sa belle-sœur qui, comme d'habitude, venaient passer Noël à Longbourn. Mr. Gardiner avait du bon sens, l'air d'un *gentleman,* et ses qualités naturelles comme son éducation le mettaient très au-dessus de sa sœur. Les dames de Netherfield auraient eu peine à croire qu'un homme qui vivait du négoce, et à portée de vue de ses entrepôts, puisse être aussi bien élevé et agréable. Mrs. Gardiner, beaucoup plus jeune que Mrs. Bennet et Mrs. Phillips, était aimable, intelligente, élégante, et très aimée de toutes ses nièces de Longbourn. Les deux aînées et elle étaient particulièrement liées. Jane et Elizabeth avaient fait de fréquents séjours chez eux, à Londres.

Le premier soin de Mrs. Gardiner, en arrivant, fut de distribuer les cadeaux, et de décrire les dernières modes.

Cela fait, elle ne joua pas un rôle aussi actif. C'était à son tour d'écouter. Mrs. Bennet avait mille griefs à exposer, et beaucoup à se plaindre. Toutes avaient été abominablement traitées depuis qu'elle avait vu sa belle-sœur. Deux de ses filles avaient été au moment de se marier et, à la fin, rien ne s'était fait.

«Jane, je ne lui reproche rien, poursuivit-elle, parce qu'elle aurait bien pris Mr. Bingley, si elle avait pu. Mais Lizzy! Ah! ma sœur! C'est affreux, quand on y pense: à cette heure, elle aurait pu être la femme de Mr. Collins, si elle n'avait pas été entêtée. Il lui a fait une offre de mariage, ici même, dans cette pièce, et elle n'en a pas voulu. Finalement, Lady Lucas mariera une de ses filles avant moi, et le domaine de Longbourn reste aussi substitué qu'avant. Ah! ma sœur, ces Lucas, ce sont des malins, oui, des malins! Ils ramassent tout ce qu'ils peuvent attraper. Je regrette de dire ça d'eux, mais c'est la pure vérité. Je suis toute nerveuse et toute patraque, avec ma famille qui me contrarie de cette manière, et mes voisins qui pensent à eux avant de penser aux autres. Mais enfin, vous arrivez à point, c'est ce qui me fera le plus de bien, et je suis très contente d'entendre ce que vous me dites des manches longues.» [...]

Jane Austen, *Orgueil et préjugés*, traduit par Jean-Paul Pichardie, Paris, Gallimard, «La Pléiade», Pierre Goubert (éd.), 2000 [1813 pour l'édition originale anglaise], p. 676-677.

26

Le tour d'écrou

(1898)

Henry James

C'est une histoire de fantômes qu'Henry James choisit d'écrire, lorsque *Collier's Magazine* lui commanda un conte de Noël à offrir à ses lecteurs américains. C'est d'ailleurs à cette époque de l'année que James situe le début de son histoire, comme si au merveilleux de la naissance de l'Enfant-Jésus devait répondre le surnaturel inquiétant de forces démoniaques libérées. Car la nouvelle d'Henry James évoque bien un cas de possession, c'est-à-dire l'emprise exercée par deux domestiques corrompus, gouvernante et homme à tout faire, sur deux enfants âgés de 8 et 10 ans, le frère et la sœur, confiés à leurs soins. *Le tour d'écrou* est à la fois l'un des sommets dans l'œuvre de James et une référence dans la littérature d'épouvante et fantastique. Loin de l'explicite saignant et hurlant qui sévit trop souvent dans le genre aujourd'hui, la phrase sinueuse de James installe un climat d'épouvante psychologique par sa construction et les silences qu'elle ménage. Ce qu'ont fait de si terrible les domestiques dépravés ne sera jamais dit clairement, ce qui est pire. Dès lors, le lecteur est renvoyé à lui-même et à la part inavouable de son imagination. Et cela, qui plus est, la nuit de Noël, comme si la lutte entre les ténèbres et la lumière se poursuivait dans les méandres de l'esprit humain. Nul sang ici. Juste l'horreur froide du mal. C'est bien assez.

Le tour d'écrou

L'HISTOIRE NOUS AVAIT TENUS, autour du feu, suffisamment en haleine, mais à part la remarque évidente qu'elle était macabre, comme devait essentiellement l'être un étrange récit fait dans une vieille maison la veille de Noël, je ne me souviens d'aucun autre commentaire avant que quelqu'un ne déclarât que c'était le seul cas qu'il connût ou une épreuve de ce genre eût été infligée à un enfant. Le cas, puis-je mentionner, était celui d'une apparition dans une vieille maison très semblable à celle qui nous avait réunis pour l'occasion – vision d'épouvante qu'avait eue un petit garçon dans la chambre où il dormait avec sa mère ; dans sa terreur, il l'avait réveillée, et l'avait réveillée non pour qu'elle le rassurât et l'aidât à se rendormir, mais pour qu'elle aperçût, avant de le calmer, la chose même qui avait secoué son petit. Ce fut cette déclaration qui inspira à Douglas – pas tout de suite, mais plus tard dans la soirée – une réplique qui eut l'intéressante conséquence sur laquelle j'attire l'attention. Quelqu'un d'autre raconta une histoire qui n'était pas particulièrement impressionnante, et qu'il ne suivit pas, je m'en rendis compte. Je crus alors deviner que lui-même avait quelque chose à produire, et que nous n'avions qu'à attendre. Nous attendîmes en fait jusqu'à la soirée du surlendemain ; mais le soir même, avant que nous ne nous fussions dispersés, il exprima ce qu'il avait en tête.

«Je reconnais que le fait que le spectre, ou quoi que ce fût, dont a parlé Griffin, soit apparu au petit garçon, à un âge aussi tendre, ajoute une touche singulière. Mais, à ma connaissance, ce n'est pas le seul exemple de cette sorte charmante, impliquant un enfant. Si l'implication d'un enfant donne un tour d'écrou supplémentaire, que diriez-vous de celle de *deux* enfants... ?

– Nous dirions, bien entendu, répondit quelqu'un, qu'elle donne *deux* tours d'écrou! Et aussi que nous aimerions en entendre parler.»

Je peux encore voir Douglas – qui s'était levé, le dos tourné au feu – baisser les yeux vers son interlocuteur, les mains dans les poches. «Jusqu'à présent, personne d'autre que moi n'en a entendu parler. Mais c'est trop horrible.» Naturellement, plusieurs voix s'élevèrent pour déclarer que cela ne faisait que donner un plus grand prix à l'histoire, et notre ami, avec un art tranquille, prépara son triomphe en promenant son regard sur le reste d'entre nous, et en poursuivant: «Ça dépasse tout. Rien de ce que je connais ne l'approche.

– En pure terreur?» me souviens-je d'avoir demandé.

Il eut l'air de vouloir dire que ce n'était pas aussi simple que cela; qu'il lui était difficile de qualifier la chose. Il se passa la main sur les yeux, et fit une petite grimace narquoise. «En épouvantable... épouvante!

– Oh, comme c'est délicieux!» s'écria une des dames.

Il n'y prêta pas attention; il me regarda, mais comme s'il considérait, au lieu de moi, ce dont il parlait. «En laideur et horreur et douleur troublantes et générales.

– Eh bien, alors, dis-je, asseyez-vous donc, et commencez.»

Il se tourna vers le feu, donna un petit coup de pied à une bûche, et la regarda un instant flamber. Puis, en nous faisant de nouveau face: «Je ne peux pas commencer. Il faudrait que je fasse un envoi en ville.» Cela provoqua un murmure de déception et de réprobation unanimes; après quoi, de son ton préoccupé, il se mit à expliquer: «L'histoire est écrite. Elle est dans un tiroir verrouillé... on ne l'en a pas sortie depuis des années. Je pourrais écrire un mot à mon valet en y glissant la clé; il pourrait m'envoyer le paquet tel qu'il le trouvera.» Ce fut pour moi en particulier qu'il parut avancer cela – parut presque me prier de le pousser à ne pas hésiter. Il avait brisé une glace épaisse, formée durant maints hivers; il avait eu ses raisons pour garder un long silence. Les autres s'offusquèrent du retard, mais c'étaient justement ses scrupules qui me charmaient. Je l'adjurai de faire partir une lettre par la première poste et de convenir avec nous d'une proche réunion pour une lecture; puis je lui demandai si l'expérience en question avait été la sienne. À cela, il répondit promptement: «Oh, Dieu merci, non!

– Et le récit est de vous? Vous avez consigné la chose?

– Rien d'autre que l'impression. Je l'ai consignée *ici.*» Il se tapota le cœur. «Je l'y ai toujours gardée.

– Mais alors, votre manuscrit...?

– Son encre est vieille et fanée, et il est écrit de la main la plus élégante.» Il fit une nouvelle pause. «Une main de femme. Elle est morte il y a une vingtaine d'années. Elle m'a envoyé les pages en question avant de mourir.» Tout le monde était maintenant très attentif, et bien sûr il y eut quelqu'un pour avoir la malice d'établir un rapport. Mais, s'il écarta le rapport avec le sourire, ce fut également sans irritation. «C'était une personne extrêmement charmante, mais elle avait dix ans de plus que moi. C'était la gouvernante de ma sœur, précisa-t-il d'une voix calme. C'était, autant que je sache, la plus agréable des femmes de sa condition; elle aurait été digne de n'importe quelle autre condition. Il y a de cela bien longtemps, et l'histoire avait eu lieu il y a bien plus longtemps encore. J'étais à Cambridge, à Trinity, et je l'ai trouvée à la maison lors de mes deuxièmes vacances d'été. J'y suis beaucoup resté cette année-là... le temps était splendide. Durant ses heures libres, nous nous promenions dans le jardin et nous bavardions... sa conversation me paraissait terriblement belle et intelligente. Oh oui, ne souriez pas : elle me plaisait extrêmement et je suis heureux de pouvoir penser encore aujourd'hui que moi aussi je lui plaisais. Elle n'avait jamais raconté son histoire à personne. Ce n'était pas qu'elle me l'eût dit, mais je savais qu'elle ne l'avait jamais racontée. J'en étais sûr ; je le voyais bien. Vous en jugerez aisément quand vous l'entendrez.

– Parce que c'était trop effrayant ? »

Il continuait de me fixer des yeux. « Vous en jugerez aisément, répéta-t-il. *Vous* en jugerez. »

Henry James, *Le tour d'écrou*, traduit par Jean Pavans, Paris, Garnier-Flammarion, coll. «Étonnants classiques», 1998 [1898 pour l'édition originale anglaise], p. 37-40.

27

Le vin des rues
(1955)

Robert Giraud

Robert Giraud est un écrivain de la marge, à la fois par les sujets qu'il a abordés (l'argot, les bistrots de Paris, l'univers des tatouages...) et la position qu'il occupe dans la littérature française. Ou plus justement, qu'il n'occupe pas assez, même si son statut évolue quelque peu, puisque Stock vient de rééditer son savoureux *Vin des rues*. Cet ami et comparse du photographe Robert Doisneau raconte un Paris disparu, mais depuis la veille seulement, puisque, dans les années 1950, tout le monde de la cloche et de la bohème, peuplé de mendiants, de filles publiques, de patrons de bistrots, de petits commerçants improbables – recycleurs de mégots, voleurs de chats et bras loués à l'heure aux Halles – existait encore, disent ceux qui l'ont connu, si on savait ouvrir les yeux. Une grande tendresse enveloppe le monde des marginaux, que Robert Giraud, tout fils de bonne famille et diplômé en droit qu'il fût, rejoignit dans l'immédiat après-guerre. Le journaliste, l'écrivain, si peu apte à la vie rangée qui lui faisait signe après les coups d'éclat de la Résistance, trouva une famille parmi eux. Mais voici Noël. Pourquoi cette nuit ne serait-elle pas fêtée de la plus joyeuse façon qui soit dans le monde de la cloche et du tapin? La question est mal posée. Ce n'est pas «pourquoi?» mais «comment?» qu'il faut demander. Réponse avec le Noël paillard, joyeux, tout plein de chaleur humaine que fêtera le taulier Bébert en compagnie de ses filles de la maison close.

Le vin des rues

*L*A NUIT DE NOËL en province se passe chez soi, en
famille et entre amis, peu de traînards dans
les rues aux portes closes sur une multitude de joyeux
dîneurs. Les bistrots ouverts n'accueillent que des passants rapides qui se rendent à quelque invitation, l'isolé,
le solitaire, le bougre qui ne connaît personne porte sa
viande d'un comptoir à l'autre avant de se retrouver pion
sur un trottoir. Sa cuite et lui font un beau couple, et il
y a beaucoup de couples semblables dans les rues de province, la nuit de Noël.

Le premier Noël de Bébert en maison fut quelque
chose de grand, de mémoire de bordelier la chronique
n'a jamais rapporté pareille histoire à travers les siècles.
L'arbre, la belle tête de sapin, avait été dressé dans
l'estaminet même avec tous les accessoires, bougies,
ampoules, petits personnages et cadeaux que s'offraient
mutuellement la direction et le personnel. Chacune avait
participé aux frais pour obtenir une sorte de pièce montée du meilleur effet. À part quelques livreurs qui profi-
tant de l'occasion s'étaient fait rincer la dalle, l'absence
totale de clients avait permis à ces dames de travailler en
toute quiétude sous les conseils de Marthe la maquecée.
Bébert et Madame étaient de sortie ensemble pour une
fois, afin de terminer leurs nombreux achats.

Les pensionnaires conservaient la tenue de boulot
jusqu'à minuit, heure à laquelle elles devaient revêtir
leur plus élégante tenue de ville pour venir s'asseoir à la

table du réveillon. À son retour, Bébert qui n'avait jamais connu ça avant, même pendant son enfance, était vraiment ému. Il avait fallu éteindre les lumières et allumer les bougies dont les petites flammes courtes lui faisaient briller les yeux.

– C'est vachement baveau, il avait fini par dire, c'est pas tout ça, mais on va arroser le boulot et le sapin nature, pour l'apéro j'offre quatre rouilles de champ.

Mado avait rapproché trois tables et essuyait les coupes pendant que Bébert soi-même s'en était allé dans sa réserve à lui, choisir le meilleur cru. La patronne avait sorti les gâteaux secs.

Après deux gorgeons, les boutanches s'égouttaient le cul en l'air dans les seaux à glace. Cérémonieuse, la mère Marthe annonçait :

– À moi maintenant, Mado, veux-tu nous remettre quatre bouteilles.

Puis ça avait été le tour des filles. Bébert qui commençait à avoir chaud aux plumes, sur sa lancée aurait volontiers continué, mais Madame beaucoup plus réaliste proposait un casse-croûte léger qui permettrait d'attendre minuit.

La veillée débutait bien. Bébert avait descendu sa musique pour faire guincher les filles qui tournaient deux par deux autour du sapin, Madame et la sous-mac avait ouvert la ronde. Une heure durant, coupée seulement par quelques arrêts indispensables, histoire de se rincer les amygdales, Bébert avait tiré sur son soufflet : à la fatigue s'ajoutait le commencement d'une poivrade qui s'annonçait sévère. Le tourne-disque prenait le relais du patron qui, assis sur la banquette, se reposait tout simplement.

– Merde, mais ça manque d'hommes ici, s'exclama tout à coup Bébert... qui venait soudain de se rendre compte de la situation. Il alluma une toute cousue et devant son verre vide se mit à réfléchir.

Ça ne tournait pas rond, y avait un vice là-dessous, pas permis un claque sans hommes, un jour de semaine passe encore, mais un soir de réveillon y avait rien à foutre, c'était inadmissible. La joie première qu'il avait éprouvée à la vue du sapin s'estompait pour lui laisser un vide au cœur incompréhensible. Dans sa maison, presque un an qu'il l'exploitait, il en avait vu défiler quelques-uns, une partie de la ville avait poussé sa porte, des clients étaient devenus ses amis qu'il retrouvait à l'extérieur, à l'apéritif ou autour d'un tapis de cartes. Chez lui, tout se passait en famille, on le savait bien, alors pourquoi le laisser tomber un jour de fête ?

Bébert était triste. Il avait empli son verre et les yeux clos ne suivait plus les évolutions des crevettes qui, elles, profitaient de ce rabiot de récréation. Le champagne et la danse faisaient tourner les têtes, elles buvaient et dansaient.

Quand Bébert se leva elles s'arrêtèrent, il fit un signe de la main.

– Allez, les mômes, continuez, amusez-vous, bon sang de bois, c'est la fête aujourd'hui, je reviens bientôt.

Il décrochait ses harnais du portemanteau près de la porte, sa gapette et son lardeusse, et sans bruit gagnait la rue.

– Ça n'a pas l'air de gazer fort, le patron ?

– Il va prendre l'air pour chasser ses vapes, il va pas tarder à ralléger.

Sans plus, la danse avait repris tous ses droits. Dehors, Bébert suivait le trottoir où il n'y avait personne. En passant devant chez son concurrent, quelques maisons plus haut, il s'arrêta et tendit l'oreille, le pick-up donnait à fond; comme il n'osait entrer, il ne sut jamais s'il y avait ce soir-là de la clientèle ou pas.

Lui, il avait son idée bien plantée dans son crâne et qui grandissait davantage à chacun de ses pas en avant. Quittant sa rue pour se diriger vers le centre de la ville, là où il pensait trouver un peu plus d'animation, il s'aperçut qu'il était rond, pas complètement, mais juste ce qu'il fallait. L'air froid de la nuit qui effleurait son visage lui faisait mieux sentir les brusques montées de chaleur qui lui cognaient aux tempes. Aux magasins fermés succédèrent les vitrines croulantes de lumière, puis les bistrots ouverts bien alignés autour de la grande place. C'était ce qu'il cherchait. Il commença par le premier, non pas qu'il fût le plus grand, ni qu'il y soit attiré par une sympathie particulière, mais simplement parce qu'il était le premier.

D'autres préoccupations que de saluer le client tourmentaient la caissière et le garçon, Bébert ne se vexa nullement, à peine s'en aperçut-il d'ailleurs, ce qu'il voulait avant tout c'était rencontrer des consommateurs, connus ou inconnus peu lui importait. Il n'avait pas de chance : seuls, deux gars jeunes qui avaient mis leur costume du dimanche buvaient tristement du rhum sans parler, appuyés au comptoir. Bébert s'approcha et commanda lui aussi un rhum.

— Alors, les hommes, on n'a pas l'air de se marrer, vous trinquez avec moi ?

— Avec joie, l'un répondit.

Le garçon avait regarni. Ils burent sans rien dire. Bébert au fond se sentait mal à l'aise, ne savait pas comment attaquer.

— Si on changeait de crémerie, ça serait peut-être aussi drôle ?

– On risque rien.

À peine sorti, Bébert vit le garçon éteindre les lumières et fermer la porte, la caissière avait déjà disparu.

– Je comprends, il dit, c'est pas rigolo pour son gnasse de bosser un soir de fête, on a bien fait de se tirer, ils sont peut-être invités eux.

– Oui, peut-être.

– Et vous les gars, seuls ce soir ?

– ...

– C'est bon, j'ai compris, vous êtes mes potes. Vous venez à la maison, c'est dit, on va récupérer quelques amis encore et en route, c'est pas loin d'ici.

Ils avaient bouclé le tour de la place, entrant à trois sortant à cinq, puis à six, pour se retrouver à onze en fin de circuit. Ce qu'il fallait, dix personnes tout juste, Bébert ne comptant pas.

Le retour s'effectuait au pas accéléré. Bébert que l'excitation saoulait davantage donnait le bras aux deux collègues, les premiers qu'il avait découverts, les autres suivaient, bande fraternelle d'une occasion inespérée.

– Mais, on va au claque...

– T'inquiète, je suis le taulier...

Ils étaient dans la rue où, tout au bout, la lanterne lentement secouée par le vent semblait leur faire un signe affectueux. Chez le concurrent, la musique donnait toujours. Pourvu qu'elles n'aient pas mis la nôtre en panne, pensa Bébert.

Il entra le premier, sa suite aux fesses. Les filles qui n'attendaient pas un pareil arrivage avaient interrompu leur tango qui, en suisse, rythmait leur étonnement. De la salle à manger la patronne et Marthe étaient sorties et regardaient la troupe sans comprendre.

— Voilà, dit Bébert, ce sont mes invités, y casseront la croûte avec nous. Ils sont dix, vous êtes dix, mesdames, à chacun le vôtre. Je pense que vous saurez vous conduire. Vous, les amis, mettez-vous à l'aise... y a des portemanteaux ici, Mado, du champ pour tout le monde, Marthe, vous fermerez la porte, aujourd'hui la maison n'appartient qu'à nous... [...]

Robert Giraud, *Le vin des rues*, Paris, Denoël, 1955 [repris chez Stock en 2009], p. 82-84.

28

Labyrinthe

(1952-1953)

Louis Guilloux

De Louis Guilloux (1899-1980), le public connaît surtout le roman *Le sang noir*, paru en 1935. Pour sa part, *Labyrinthe* fut d'abord publié en quatre livraisons dans *Les Cahiers de la Table Ronde*. Avec des accents qui rappellent ceux de Dostoïevski, voici les confidences d'un prisonnier d'origine espagnole, à tort accusé de meurtre, et qui réussit à s'évader pendant la nuit de Noël. Le lieu, qui n'est jamais nommé, rappelle la Bretagne natale de l'auteur. Cependant, l'évasion déborde le cadre d'une affaire judiciaire, puisque nous sommes dans l'immédiat après-guerre, au plus féroce de l'Épuration.

Pour avoir sympathisé avec l'occupant allemand, des femmes sont tondues, des hommes sont pendus aux branches des arbres, les tortionnaires de la veille sont torturés – labyrinthe de la nature humaine. Fatalement, ce sont les plus pauvres qui écopent. « Est-ce qu'il faudrait passer sa vie à s'évader ? » s'interroge le narrateur.

C'est un bien étrange Noël que celui de cette année 1945. Le message d'espérance qu'il réitère depuis deux millénaires se fait entendre en France, cette année-là, sur fond de chaos. Certes, la guerre est terminée, mais l'Épuration fait rage et règle des comptes de toutes natures. Malgré les chants, la neige, les cadeaux, tout ce qui faisait la civilisation s'est fissuré pour laisser s'engouffrer, avec les horreurs de la guerre, la part obscure de la nature humaine. Du coup, c'est le règne de l'indécis. Ce pendu de Noël, par exemple. Le lecteur saura plus tard qu'il était un magistrat en vue, qu'il avait la faiblesse d'aimer trop les petites filles. Est-ce vraiment pour cette raison qu'il se balance à une branche?

Labyrinthe

J'ÉTAIS ENTRÉ DANS LE BOIS. C'était un bois de hêtres et rien n'était plus charmant que ces voûtes de neige formées sous les branches entremêlées. Je m'y engageai avec un plaisir vraiment enfantin. Le bois était assez grand, j'y trouverais sûrement la cachette que je cherchais, mais pour l'instant je n'étais que ravi et de plus en plus par tout ce que je découvrais de joyeux et de féerique en m'avançant dans le bois jusqu'au moment où je découvris sur la neige des traces toutes récentes de pas.

Quelqu'un de plus matinal que moi m'y avait précédé et d'un instant à l'autre j'allais me retrouver nez à nez avec lui. Si je voulais éviter la surprise, le mieux que j'avais à faire était de suivre les traces imprimées dans la neige, de mettre mes pas dans les pas de l'inconnu. Quelque braconnier sans doute, ou, peut-être, l'ermite dont m'avait parlé M. Morel. J'avançais prudemment. Voyant que la piste du braconnier ou de l'ermite me conduisait de plus en plus profondément dans le bois, je m'arrêtai, craignant de m'y égarer, puis je fis encore quelques pas et tout à coup je me trouvai nez à nez avec un pendu!

Du premier coup d'œil, je m'étais parfaitement rendu compte que ce pendu était bien mort; j'arrivais trop tard pour couper la corde. Par un geste vieux comme le monde, je portai la main à mon bonnet, que j'ôtai, et je fis le signe de la croix. Puis, je me mis à regarder à droite et à gauche, cherchant, redoutant des témoins, mais espérant je ne sais quel secours. Ce fut un instant de désarroi et d'une sorte de colère. Allais-je, à peine sorti de prison, trébucher sur ce mort ? Tout recommençait ! C'était, aussi, après la découverte d'un cadavre qu'on m'avait mis en prison. Ce cadavre-là, on l'avait trouvé dans la rue, la tête trouée d'une balle. Et, maintenant, voilà que je rencontrais un pendu !

De ma vie je n'avais vu de pendu, mais par bien des histoires entendues, je croyais m'être fait une idée de ce à quoi ils pouvaient ressembler. Toutefois je n'eusse jamais imaginé qu'un pendu pût avoir l'air aussi penaud.

Quand je commençai à reprendre mes esprits, ce fut là ce qui surtout me frappa. Celui-ci, un homme d'une quarantaine d'années environ, penchait la tête sur l'épaule et tirait la langue d'une manière assurément bien pitoyable, mais, en même temps, je ne puis que répéter : penaude, avec, cependant, quelque chose de grotesque et de tendre et je ne savais quoi dans l'ensemble qui me donna à penser qu'une telle mort ne pouvait pas avoir été voulue par celui-là même qui l'avait choisie, mais au contraire qu'il l'avait subie, qu'on la lui avait imposée comme en exécution d'une sentence et que c'était pour cette raison qu'il avait tellement l'air d'un condamné.

Les traces de pas dans la neige s'arrêtaient au pied de l'arbre. Il n'avait pas dû beaucoup hésiter car la neige était à peine piétinée. M'étant approché, je me convainquis décidément qu'il était aussi mort qu'on peut l'être au bout d'une corde. À vrai dire, ce pendu de Noël était un admirable pendu et, dans son genre, un pendu fort respectueux des convenances.

Il était pendu, c'était un fait, et pendu au point d'être mort, mais il était en habit, comme pour une fête. Il portait une chemise blanche, des manchettes, un très beau pantalon rayé. Dans la merveilleuse blancheur du sous-bois, tout noir dans son habit, il avait l'air d'un gros oiseau assez bête qui se serait laissé prendre au piège. J'aperçus à sa main gauche un anneau d'or. Pauvre pendu! Et qu'il se fût mis en habit et qu'il eût choisi pour le dernier de ses jours, le jour de Noël! Pauvre petit bourgeois! Ce pendu de Noël avait dû être dans ce qu'il avait appelé la vie quelque chose comme chef de rayon ou employé de préfecture, ou peut-être comptable ou clerc de notaire, ou Dieu savait quoi d'assidu au bureau et de fidèle à la partie de cartes et à la messe de Pâques. Il me semblait l'avoir vu quelque part, mais pas en habit, pas dans une chemise d'une aussi éclatante blancheur, pas – ah voilà! – pas avec d'aussi beaux souliers!

Vraiment, les souliers du pendu étaient d'une extraordinaire splendeur, et d'abord ils étaient presque neufs. C'était de bons gros souliers faits pour la marche, des brodequins pour ainsi dire qui n'allaient guère avec l'habit, c'est vrai, mais qui convenaient à merveille par un temps de neige comme celui que nous avions. Voilà: il ne s'était pas mis en habit: il était resté en habit. La veille, il avait fêté Noël, en famille. Au retour de la messe de minuit il avait réveillonné. Et ce n'était qu'au petit matin qu'il avait pris sa résolution et qu'il avait changé de souliers. Voilà! À l'instant de partir pour son expédition dernière, le malheureux songeant à la route qu'il faudrait parcourir avait chaussé les grosses godasses des jours de chasse et de pêche.

La question n'était pas de savoir si je pourrais les lui prendre: cela allait de soi – mais en aurais-je le courage? Eh bien oui! Cela ne fut pas facile, mais je le déchaussai cependant, non sans trembler. Ensuite, j'attachai les souliers l'un à l'autre par leurs cordons et je les mis sur mon épaule. Cela complétait parfaitement ma silhouette de clochard.

Une fois accomplie cette action raisonnable, allais-je tourner les talons comme un voleur? Non. J'avais repris tout mon sang-froid et, puisque j'avais été capable de lui voler ses souliers, je pouvais aussi lui faire les poches! La grande difficulté était que pour y parvenir il me fallait le regarder au visage. Ce n'est pas seulement à cause de l'horreur que me donnait ce visage que ma main n'alla pas plus loin que d'effleurer l'habit du pendu : je venais de le reconnaître.

J'avais pu tout à l'heure me dire que peut-être je l'avais rencontré quelque part, ce n'avait été là de ma part qu'une vague hypothèse, mais l'ayant vraiment bien regardé en face, alors oui, je sus qui il était et qu'en effet je l'avais rencontré autrefois et que même j'avais eu avec lui de très longues conversations, je me souvins même de son nom : M. Renaud.

Oui, tout bonnement M. Renaud. Et il n'était (il n'avait été) ni chef de rayon, ni employé de préfecture, ni clerc de notaire quoique cependant bureaucrate.

Je serais peut-être resté là longtemps encore, debout, les souliers de M. Renaud à mon épaule, l'un devant, l'autre derrière – comme il était plus pitoyable encore avec ses pieds dans leurs chaussettes de grosse laine bariolée ! –, si je n'avais entendu, tout près, des bruits et des voix et bientôt un chant. Je m'éloignai en toute hâte, pris de panique, pour chercher quelque part un refuge. J'en trouvai un dans un fourré où je me glissai comme une bête. C'est de là que j'aperçus une bande de boy-scouts qui, sous la conduite d'un jeune curé, parcourait le bois en chantant... [...]

Louis Guilloux, *Labyrinthe*, Paris, Gallimard, «L'Imaginaire», 1998 [1953-1954 pour l'édition en volume; 1952-1953 pour la publication dans la revue *La Table Ronde*], p. 42-45.

29

L'agneau de la Noël
(1935)

Marcel Pagnol

En se tournant vers le cinéma, Marcel Pagnol dut d'abord vaincre les résistances d'une certaine critique qui l'avait aimé au théâtre et ne voulait pas l'en déloger, ni lui, ni le grand Raimu ayant immortalisé l'inoubliable Marius. Rapidement, la critique dut revoir sa copie, se mettre au diapason du public et faire la fête à Marcel Pagnol, cinéaste et producteur de cinéma, néanmoins homme de théâtre et écrivain. *Angèle*, adapté d'un roman de Giono (*Un de Baumugnes*), fut tourné en 1935. Le récit qu'on va lire, intitulé «L'agneau de la Noël», lui servit plus tard de préface. La nuit de Noël, comme chacun sait, les animaux sont doués de la parole. Mais voici un agneau qui, parce qu'il joua un jour avec brio le rôle de sa vie – indispensable figurant d'une Nativité –, fut si cajolé par l'équipe de tournage qu'il en devint presque humain. Hélas, être aimé des hommes ne vous garde pas du danger qu'ils représentent. Aussi, découvrons comment Bœuf – tel était le nom de l'agneau – se trouva un jour menacé du couteau du boucher.

L'agneau de la Noël

*D*ANS LES STUDIOS DE MARSEILLE, entre les deux guerres, un metteur en scène avait réalisé un film de court métrage, qui portait à l'écran la *Pastorale provençale*. Cette Pastorale est un très ancien « mystère », joué chaque année par des comédiens amateurs, mais c'est un mystère très joyeux. Il ne représente pas la Passion et la mort du Sauveur ; il célèbre sa naissance au son des cloches de Noël.

Comme il arrive toujours à la fin du film, les régisseurs avaient abandonné sur les plateaux quelques épaves : de grands chapeaux ronds de bergers, une auréole, les couronnes des Rois mages, quelques barbes et un agneau.

C'était l'agneau que le berger porte sur son cou, en tenant deux pattes dans chaque main, pour l'offrir à l'enfant Jésus. Ce tendre et fragile animal avait parfaitement joué son rôle, et il avait bêlé de façon pathétique en voyant le bébé de six mois qui représentait Notre-Seigneur.

On le trouva un matin sur le grand plateau désert, dormant dans une corbeille. L'accessoiriste, charmé, l'emporta au laboratoire et le confia aux jeunes femmes qui surveillent les développeuses. Ces filles de la nuit avaient le cœur tendre. D'une bouteille de révélateur, convenablement rincée, elles firent un biberon ; puis elles préparèrent un nid dans un grand panier, sur un lit de pellicules dont les boucles élastiques composaient un sensible sommier, et l'établirent près de l'armoire de séchage. La salle était maintenue, par un thermostat, à

19° et demi, et les tuyaux d'aération n'admettaient que de l'air filtré.

Ainsi la première enfance de cette bestiole fut entourée d'un luxe que bien peu d'enfants riches ont connu.

Quoique stupide, cet agneau avait le cœur bon : ses grands yeux bleus disaient clairement son amour et sa reconnaissance enfantine ; ses mères virginales l'adoraient.

Mais un matin, un boucher parut dans la cour. Non, ce n'était pas un acteur. C'était un vrai boucher. Il était grand, les épaules larges, la nuque charnue, les dents fortes, les yeux petits. Ses lourdes mains rougeâtres, on voyait bien que c'était de la viande et des os ; et, sur son tablier d'un blanc grisâtre, il y avait des traînées de sang.

Il fit quatre pas sous les platanes, mit ses poings énormes sur ses hanches taurines, et cria :

– Il n'y a personne ?

À travers les ronrons des développeuses, les filles de la pellicule entendirent cette voix d'ogre. Elles sortirent par trois portes, et la plus sensible pleurait déjà.

– Où est mon agneau ? dit le boucher.

Elles ne répondirent pas, mais elles reculèrent en se tordant les mains. Il cria plus fort :

– Où est mon agneau ?

Je sortis de la salle de montage et, avec une tranquille vaillance, je marchai vers le barbare. Je le regardai d'abord de haut en bas, puis de bas en haut, et, l'œil noir de soupçons, je demandai :

– Quel agneau ?

Il répliqua gaillardement :

– Celui que j'ai loué pour le film. Je l'ai loué vingt francs pour vingt jours. Voilà le papier. Les vingt jours sont passés. Le film est fini. Alors, je veux mon agneau.

Devant la loi des hommes, il était dans son droit.

– Qu'allez-vous en faire ?

Il passa rapidement son index sur sa gorge, et ne dit rien d'autre que « Vzitt ».

J'entendis un sanglot, puis les filles de la pellicule s'enfuirent, éperdues. Je parlementai :

– Non, dis-je, non. Vous n'allez pas tuer un acteur. Ignorez-vous que cet agneau va bêler dans mille haut-parleurs, et que sa toison candide éclairera tous les écrans du monde ?

La brute éclata de rire, un rire stupide. Puis il dit bêtement :

– Aujourd'hui, c'est vendredi, et j'ai pris des commandes pour dimanche. Alors, j'ai compté sur lui. Il faut que je le débite demain. C'est mon métier. C'est le sien. Où est-il ?

On entendit, au dernier étage du laboratoire, une galopade sur un escalier de bois, puis un bêlement regrettable : les filles emportaient l'agneau vers les combles.

Je dis avec force :

– Plutôt que de vous rendre cet agneau, ses mères vous arracheront les yeux.

– Je voudrais voir ça, dit le boucher.

Alors, le petit Léon, dont la logique est impeccable, répliqua :

– Si ça ne se fait pas, vous ne le verrez pas. Et si ça réussit, avec quoi le verrez-vous ?

Pendant que le boucher réfléchissait fortement en nous regardant tour à tour, je repris mon argument.

Je lui avais parlé de tous les écrans du monde ; je compris que, pour mettre l'idée à la mesure de ce meurtrier, il fallait la localiser.

– Écoutez-moi. Vous allez tous les dimanches au cinéma de Castellane ?

– Voui, dit-il.

– Eh bien, dimanche prochain, vous y verrez cet agneau sans tache lécher la menotte du Sauveur. Comme il a regardé l'objectif, son image regardera le public, et il vous bêlera en pleine figure. Est-ce que vous pourrez supporter le regard et le cri d'amour de votre victime ?

Il répliqua joyeusement :

– Ça me fera plutôt rigoler de penser qu'il est mort et qu'il bêle encore très bien.

Charles Pons, qui venait d'arriver, ne put retenir son indignation, qui est d'ailleurs continuelle :

– Je me lèverai, dit-il, je vous montrerai du doigt, et je dirai à la foule : « Voilà l'homme qui a égorgé cet animal-star. »

– Et moi, dit le boucher, je me lèverai, je montrerai du doigt la foule, et je vous dirai : « Voilà les sauvages qui l'ont dévoré ! »

Alors, le petit Léon attaqua sous un autre angle :

– Mon cher ami, dit-il, il faut tout de même vous dire, sans vous offenser, que vous faites un métier infâme. Songez que, pendant que vous aiguiserez votre couteau, cet agneau pourrait vous dire : « Brute sanguinaire, de quel droit vas-tu égorger une créature innocente, une créature de Dieu, qui est, de plus, un mammifère comme toi ? » Il pourrait vous dire aussi...

– Ma foi ! s'écria le boucher, il n'aurait pas besoin de parler si longtemps. Qu'il me dise seulement deux mots : je le soigne comme mon fils, et j'achète une baraque de foire.

Je regardai avec mépris ce monnayeur de miracles.

– Eh bien, puisque vous ne pensez qu'à l'argent, je vous rachète cette vie. Combien en voulez-vous ?

Je vis que, dans sa compacte cervelle, il faisait un calcul horrible, et qu'il traduisait en kilos, puis en francs et centimes, les gigots, les côtelettes, les rognons, le foie et les tripes de l'innocence. Nous attendîmes deux minutes, car il n'estimait pas seulement l'agneau.

– Puisque c'est un acteur, dit-il enfin, et puisque ce monsieur croit qu'il pourrait parler, ça fera cent francs.

Charles Pons allait encore s'indigner, mais je le calmai d'un geste. Puis je pris dans mon portefeuille un billet tout neuf. La main criminelle l'ensanglanta aussitôt, avant de le cacher dans la poche abdominale de son tablier. Enfin, le boucher ôta poliment sa casquette et dit :

– Si vous en voulez d'autres au même prix...

Nous ne l'écoutions plus. Accompagné de cris de joie et de petits rires nerveux, les bêlements redescendaient vers nous. [...]

Marcel Pagnol, « L'agneau de la Noël », dans *Confidences*, Paris, Julliard, 1988 [1935], p. 267-270.

30

Meurtre dans la cathédrale
(1935)

T. S. Eliot

En Angleterre, le 29 décembre 1170, une tragédie eut lieu
dans la cathédrale de Cantorbéry, lorsque quatre brutes de
chevaliers, mandatés en catimini par le roi Henri II de Plan-
tagenêt, assassinèrent l'archevêque de Cantorbéry, Thomas
Becket. Motif officiel: trahison envers le roi. Motif réel:
volonté de l'archevêque de distinguer les pouvoirs temporel
et spirituel, jusqu'à refuser de combiner les charges d'archevêque et de chancelier du royaume. Quoi! L'archevêque ose
tenir tête au roi, son ancien allié? Il ose refuser ses ordres?
Il ose choisir Dieu? Après cela, Thomas Becket n'avait plus
qu'à périr. La chronique dit qu'il est mort dignement, en
martyr. Du reste, la dévotion populaire en fit bientôt un
saint. C'est cet épisode sanglant de l'histoire d'Angleterre,
coïncidant avec la période de Noël, qu'a choisi d'illustrer
T. S. Eliot, Américain naturalisé Anglais, dans son théâtre
poétique. Que des hommes en armes osent porter la main
sur un homme de Dieu signifie-t-il la victoire de la barbarie et la fin de l'ordre ancien, qui ordonne de respecter le
gens d'Église, ou la nécessité, pour une Église rendue plus
forte par ses blessures, de réaffirmer des valeurs pérennes?
En 1996, l'assassinat des moines de Tibeherine, en Algérie,
montre que la question reste d'actualité. Récemment,
le romancier britannique à succès Ken Follet a repris la
scène, en guise de bouquet final, dans *Les piliers de la terre*,

monument romanesque de mille pages élevé en hommage aux bâtisseurs de cathédrales. C'est là, peut-être, que le grand public aura appris l'existence de l'archevêque Thomas Becket. En aura-t-il vu pour autant toute la grandeur ? Elle apparaît mieux dans le théâtre de T. S. Eliot, qui fait appel à la poésie de John Donne au moment de mettre en scène l'archevêque prêchant dans la cathédrale, en ce matin de Noël 1170. Avec la prescience de son martyre qui surviendra quatre jours plus tard, celui-ci prononce des paroles prophétiques qui n'ont pas fini de résonner à nos oreilles.

Meurtre dans la cathédrale

« GLOIRE À DIEU au plus haut des cieux et paix sur la terre aux hommes de bonne volonté. » Quatorzième verset du second chapitre de l'Évangile selon saint Luc. Au nom du Père, et du Fils, et du Saint-Esprit. Ainsi soit-il !

Mes chers enfants de Dieu, mon sermon ce matin sera très bref. Je voudrais seulement que vous réfléchissiez et méditiez sur le sens profond et le mystère de nos messes de Noël. Car chaque fois que nous disons la messe, nous refigurons la Passion et la mort de Notre Seigneur ; et en ce jour de Noël nous la disons pour célébrer Sa naissance. Ainsi, au même moment nous nous réjouissons de Sa venue pour la rédemption des hommes et nous offrons à nouveau à Dieu Son corps et Son sang en sacrifice, oblation et expiation pour les péchés du monde entier. Ce fut au cours de cette même nuit qui vient de finir, qu'une multitude d'anges célestes apparut aux bergers de Bethléem, disant : « Gloire à Dieu au plus haut des cieux, et paix sur la terre aux hommes de bonne volonté. » Et c'est en ce seul jour, le seul de toute l'année, que nous célébrons à la fois la Naissance de Notre Seigneur, Sa passion et Sa Mort sur la Croix. Mes bien-aimés, aux yeux du monde, c'est là se conduire d'étrange façon : car quel est l'homme au monde qui va se lamenter et se réjouir à la fois pour la même raison ? Car, ou bien la joie succomberait sous la douleur, ou bien la douleur serait bannie par la joie. Ce n'est donc que dans nos mystères chrétiens que nous pouvons nous réjouir et nous lamenter à la fois et pour la même raison. Mais pensez un instant au sens de ce mot: «paix». Vous paraît-il étrange que les anges aient annoncé la paix, alors que le monde a été sans répit frappé par la guerre et la peur de la guerre? Vous apparaît-il que les voix angéliques se trompaient, et que la promesse a été déception et tricherie?

Réfléchissez maintenant: comment Notre Seigneur Lui-même a-t-il parlé de la paix?: Il a dit à ses disciples: «je vous laisse la paix; je vous donne ma paix» (Jean 14, 27). – Entendait-il paix au sens que nous lui donnons? À savoir – que le royaume d'Angleterre soit en paix avec ses voisins, les Barons en paix avec le roi, que le maître de maison puisse compter ses gains pacifiques, le foyer balayé, son meilleur vin pour son ami servi sur la table, et sa femme chantant pour ses enfants? Ces hommes qui étaient Ses disciples n'ont point connu de pareilles choses: ils s'en allaient voyageant au loin, souffrir par terre et par mer, connaître la torture, l'emprisonnement, la déception, souffrir la mort par le martyre. Que voulait-il donc dire? Si vous posez la question, souvenez-vous alors qu'Il disait aussi: «Je ne vous la donne pas comme le monde la donne.» Ainsi donc, Il la donna à Ses disciples, mais pas cette paix que le monde donne.

Considérez aussi une chose à laquelle vous n'avez sans doute jamais pensé. Non seulement à la fête de Noël nous célébrons à la fois la Naissance de Notre Seigneur et Sa mort, mais le lendemain nous célébrons le martyre de Son premier martyr, le bienheureux Étienne. Est-ce un hasard, croyez-vous, que l'anniversaire du premier martyr suive immédiatement celui de la Naissance du Christ? En aucune façon! De même que nous nous réjouissons et nous lamentons à la fois dans la Naissance et dans la Passion de Notre Seigneur, de même, toutes proportions gardées, nous nous réjouissons et nous lamentons dans la mort des martyrs. Nous pleurons, pour les péchés du monde qui les a conduits au martyre ; nous nous réjouissons qu'une âme de plus aille grossir le nombre des Saints au Paradis pour la gloire de Dieu et pour le salut des hommes.

Mes bien-aimés, nous ne considérons pas un martyr simplement comme un homme qui a été tué parce qu'il est bon chrétien : car alors nous nous lamenterions simplement. Nous ne pensons pas à lui seulement comme à un bon chrétien qui a été élevé à la compagnie des Saints ; car alors nous nous réjouirions simplement, et ni notre deuil ni notre joie n'est celle que le monde connaît. Un martyre chrétien n'est pas un accident. On ne fait pas les Saints par accident. Encore moins le martyre d'un chrétien peut-il être l'effet de la volonté de l'homme de devenir un martyr, comme un homme, à force de volonté et d'efforts, peut devenir un chef. L'ambition fortifie la volonté d'un homme de devenir le chef des autres hommes. Elle opère avec la tromperie, la cajolerie, la violence ; c'est l'action de l'impureté sur l'impureté. Rien de pareil au Ciel. Un martyr, un saint est toujours fait par le dessein de Dieu, par Son amour pour les hommes, pour les avertir et les guider, pour les ramener à Ses voies. Un martyre n'est jamais le dessein de l'homme, car le vrai martyr est celui qui est devenu l'instrument de Dieu, qui a perdu sa volonté dans la volonté de Dieu, qui ne l'a pas perdue, mais trouvée, puisqu'il a trouvé la liberté dans la soumission à Dieu. Le martyr ne désire plus rien pour lui-même, pas même la gloire de subir le martyre. Ainsi, de même que sur la terre l'Église se lamente et se réjouit à la fois, d'une façon que le monde ne peut comprendre, de même, les Saints au Paradis sont exaltés très haut, s'étant rabaissés très bas, se voyant non pas comme nous les voyons, mais dans la lumière de la Divinité d'où ils tirent leur existence.

Je vous ai parlé aujourd'hui, mes chers enfants de Dieu, des martyrs du passé, vous demandant de vous souvenir spécialement de notre martyr de Cantorbéry, le bienheureux archevêque Elphège; parce qu'il convient, le jour de la naissance du Christ, de se rappeler ce qu'est cette paix qu'Il apporta; et parce que, mes chers enfants, je ne crois pas que je prêcherai jamais plus pour vous; et parce qu'il est possible que dans peu de temps vous ayez encore un autre martyr, et qu'il ne soit pas le dernier. J'aimerais que vous gardiez dans vos cœurs ces paroles que je vous dis, et que vous y pensiez en un autre temps. Au nom du Père, et du Fils, et du Saint-Esprit. Ainsi soit-il! [...]

T. S. Eliot, *Meurtre dans la cathédrale*, traduit de l'anglais par Henri Fluchère, Paris, Le Seuil, coll. «Points», 1995 [1946 pour la traduction française, 1935 pour l'édition originale anglaise], p. 123-128.

31

La neige, Noël

(1956)

Leonardo Sciascia

Pour écrire cette nouvelle, Leonardo Sciascia, né en 1921, mort en 1989, s'est certainement souvenu de ses années d'enseignement à Racalmuto, village de Sicile où il est né et a passé les quarante-cinq premières années de son existence, avant de s'établir à Palerme en 1967. Figure moraliste et solitaire, Sciascia est l'un des grands écrivains italiens du XXe siècle qui aura fait de la Sicile le centre de son œuvre. Transposé en littérature, le village de Racalmuto est devenu Regalpetra, bourg qui, à la fin du XVIIIe siècle, comptait quatre-vingts prêtres pour cinq mille âmes, et un nombre de paroisses à l'avenant. Regalpetra/Racalmuto est très pauvre, comme l'écrivain n'a pas manqué de le rappeler. Paysans et mineurs des soufrières vivent dans la misère, et rien ne désole davantage l'instituteur, qui est aussi le narrateur, que de voir arriver ses élèves, vêtus en toutes saisons d'une seule chemise de coton. D'autant que cette année-là, la neige est tombée en Sicile, une neige comme on n'en avait jamais vu. Le contraste est cruel entre la fête des enfants qu'est aussi Noël et l'injustice dont sont victimes certains d'entre eux, pauvres ou tout simplement nantis d'un père indigne. Mais ce père, bête de somme six jours sur sept et abruti par l'alcool le septième, n'est-il pas lui aussi une victime ? C'est à l'occasion de Noël que l'instituteur prend toute la mesure de la pauvreté de ses élèves, dont certains sont spoliés de la fête.

La neige, Noël

*L*A BOURGADE n'avait pas vu un seul flocon de neige tomber du ciel, les gens de la colonne ont distribué des couvertures et des vivres, et les gens sont restés médusés par cette aubaine inespérée. Je suis porté à croire qu'aucun village n'est véritablement bloqué, et que, sur la neige qui est tombée, il est né une espèce de comédie à l'italienne. Ce qui est vrai, c'est que les hommes ne travaillent pas, que les pauvres souffrent du froid; mais il est peut-être un peu excessif de consigner les pompiers dans les casernes en proclamant l'état d'urgence, et d'envoyer d'impavides colonnes automobiles dans les bourgades. On a l'impression d'entendre des bulletins de guerre; les préfets, les officiers de carabiniers, les commissaires de police conduisent les expéditions; la radio annonce sur un ton dramatique qu'une colonne apportant des vivres, des couvertures et des médicaments, conduite par je ne sais quel important personnage, est en marche vers une bourgade de la région montagneuse des Madonie; les auditeurs voient un paysage sibérien, la colonne automobile comme une file de fourmis noires dans le tourbillon blanc de la tempête. Les héroïques sauveteurs réussiront-ils à atteindre le petit village isolé dans la gorge de la montagne? La tourmente ne va-t-elle pas les arrêter, ne vont-ils pas se perdre dans la mort blanche? Du cinéma, en somme.

Ainsi, comme si, d'habitude, nous manquions de malheurs, nous en avons inventé un, extraordinaire. Pour peu que cette neige se mette un peu à durer, les pauvres de Regalpetra auront peut-être leurs couvertures, leurs paquets de pâtes.

Comme d'habitude, dans une petite page de journal, les enfants me racontent comment ils ont passé le jour de Noël: tous ont joué aux cartes, belote, sept et demi, et *ti vitti* (c'est-à-dire «je t'ai vu», un jeu qui ne permet pas la moindre distraction), ils sont allés à la messe de minuit, ils ont mangé le chapon et sont allés au cinéma. Quelques-uns affirment qu'ils ont fait leurs devoirs, après la messe, depuis l'aube jusqu'à midi, mais c'est un mensonge évident. Dans l'ensemble, ils ont tous fait les mêmes choses, mais certains les racontent sur un ton d'ancienne chronique: «J'ai passé la nuit de Noël, jouant aux cartes, puis j'allai à l'église qui était pleine de monde et tout illuminée, et à six heures du matin, ce fut la naissance de Jésus.»

Trois enfants cependant n'ont pas parlé de repas nocturne, et sans amertume consciente, ils ont écrit des choses extrêmement amères. «Le jour de Noël, j'ai joué aux cartes et gagné quatre cents lires, et avec cet argent, d'abord, j'achetai les cahiers et la plume, et avec ce qui restait je suis allé au cinéma et j'ai payé le billet à mon père pour ne pas dépenser le sien et là il m'a acheté six bonbons et un soda»; le garçon s'est senti heureux, il a agi en ami envers son père en lui payant un billet de cinéma, et puis il a reçu les six bonbons et le soda, et il avait déjà acheté des cahiers et la plume – il a eu un bon Noël. Mais j'aurais aimé que son Noël eût été différent, plus insouciant. Et voici, plus triste encore, le Noël d'un autre garçon: «Moi, le jour de Noël, j'ai joué avec mes cousins et mes camarades. J'avais gagné deux cents lires et quand je suis rentré, mon père me les a prises et c'est lui qui s'en est allé s'amuser.» Je n'ai jamais rien lu de plus triste dans les récits, souvent désolés, que les enfants me font de leurs journées. Je vois la maison, humide et sombre dans ce quartier de Saint-Nicolas qui est le plus pauvre du bourg; le garçon qui pleure (et il a peut-être reçu une taloche et quelques gros mots) à cause de ces deux cents lires qu'il avait eues en jouant et qu'il voulait dépenser Dieu sait comment, peut-être même pour avoir un cahier et des plumes; et le père qui va *se prendre un verre*, se saouler avec ces pauvres quatre sous de son enfant. Jamais autant qu'à travers ce petit fait la misère ne m'est apparue dans toute son essence de bestialité aveugle et malfaisante. À bien y regarder, il y a dans cet épisode tous les éléments qui font la tragédie de notre vie – ou au moins de ma vie ici, dans ce pauvre bourg. Et ce jour de la grande fête chrétienne, qui sert de fond à l'épisode et qui le conditionne, semble devenir, derrière cet enfant qui pleure dans sa maison noire, une parodie blasphématoire.

«Le matin du saint jour de Noël», écrit un autre, «ma mère m'a préparé de l'eau chaude pour que je me lave de la tête aux pieds.» Le jour de fête ne lui avait rien apporté d'aussi beau. Après s'être lavé, séché et habillé, il est sorti avec son père «pour faire le marché». Puis il a mangé du riz cuit au bouillon et du chapon. «Et voilà comment j'ai passé le saint jour de Noël.»

Leonardo Sciascia, «La neige, Noël», dans *Les paroisses de Regalpetra*, traduit de l'italien par Mario Fulco, Paris, Gallimard, coll. «Biblos», 1992 [1956 pour l'édition originale italienne], p. 180-182.

32

La nuit de Noël de 1922 de l'adepte
(1924)

O. V. de L. Milosz

Dans la poésie française du début du XXe siècle, il y aurait donc, d'un côté, Guillaume Apollinaire et Blaise Cendrars, chantres modernistes, aux vers syncopés, tout pleins de fureur et du bruit des machines. Et de l'autre, Oscar Vladislas de Lubicz Milosz (1877-1939), poète et esthète lituanien qui, installé avec sa famille à Paris à l'âge de 12 ans, écrivit en français toute son œuvre : poésie d'abord héritière de Verlaine, bientôt traversée par l'inquiétude métaphysique, mais aussi théâtre, récits, textes politiques (l'homme fut diplomate, représentant de la Lituanie en France à partir de 1919).

Poser le clivage littéraire en ces termes revient à montrer les limites de telles catégories. Comme le poète René Daumal et les jeunes gens du Grand Jeu, autres contemporains, Oscar Milosz ne pouvait se satisfaire du réel. Les uns et les autres lorgnaient vers l'au-delà. Les premiers demandèrent aux drogues de les y conduire : le second, à la philosophie, à la kabbale et à la Bible

L'étrange poème dramatique appelé « La nuit de Noël 1922 de l'adepte » appartient à la dernière période de Milosz. Reproduit ici dans son entier, il n'en paraîtra pas moins obscur à plusieurs. C'est qu'il faut accepter de ne pas savoir au juste qui sont les deux protagonistes de ce dialogue teinté de mysticisme, comme une bonne part de la poésie de Milosz. Cependant, impossible de ne pas entendre des échos alchimiques dans cette évocation de la nuit de Noël où, par un jeu d'échanges subtils, un Dieu se fait homme et amorce une ère nouvelle. Alors le lyrisme du poème recueille quelque lueur de l'illumination du poète. C'est cette lueur qui est maintenant offerte au lecteur suffisamment courageux pour voir ce qui existe au-delà de la raison raisonnante.

La nuit de Noël de 1922 de l'adepte

L'ADEPTE

*F*AISONS, – sept fois pour le passé, et pour nos trois jours à venir, trois fois – le signe, le signe! le signe nourrissant, désaltérant, rafraîchissant – nos mains, nos fronts, nos cœurs – le signe vainqueur, le signe vainqueur de la Croix. Et vous, Béatrix, paix à vous, reposez-vous! Faites silence dans ce corps, le mien, terrestre demeure. Car vous remuez trop, car vous faites un bruit comme de pas dans ma tête et dans mon cœur. Ô sept années déshéritées! Ma robe de patience m'a quitté lambeau par lambeau.

BÉATRIX

Tu dis vrai, maître. Oui, c'est bien la septième année de l'œuvre candide et secret. Sept années, maître! Mais, cette nuit, ils vont naître d'une miraculeuse et semblable merci, l'un à Bethléem, l'autre ici.

L'ADEPTE

Les parents dorment là, tendres métaux époux, dans cet œuf appuyé sur le feu nuptial. Qu'ils sont beaux, innocents!

BÉATRIX

Tu les vois donc? Comment? Dans cet œuf hermétique? Avec quels yeux?

L'ADEPTE

Chère enfant, par la grâce de la vue du milieu. Et puisque nous nous connaissons depuis sept ans, je te touche le front.

BÉATRIX

Adieu, espace, temps.

L'ADEPTE

Le clocher va bientôt sonner ses douze coups. Devant le cher fourneau, adorons à genoux.

(Silence)

Ô divin Maître, souviens-toi qu'il est, même pour toi, une Hauteur. Implore, implore pour moi ta sainte épouse la Blancheur.

(Silence)

Je regarde. Et que vois-je? La pureté surnage, le blanc et le bleuté surnagent. L'esprit de jalousie, le maître de pollution, l'huile de rongement aveugle, lacrymale, plombée, dans la région basse est tombée. Lumière de l'or, charité, tu te délivres. Bien, épouse, venez, enfant, nous allons vivre!

BÉATRIX

Cher époux, prends garde! Écoute, regarde. Il siffle encore, il rampe encore quelque chose d'atroce au fond. Penche-toi, sainte face. Je ne sais ce qui se passe: ce que tu fais, ils le défont. Ils sont légions, obscurité, masse, menaces...

L'ADEPTE

Je n'en vois qu'un. Il danse en rond dans la rigueur du rouge et du jaune et du noir, tout au fond du muet caveau. Chère dame, entre deux tombeaux, en vérité : celui d'Amour, celui d'Espoir. Écoute, il crie... nul ne l'entend. Il voudrait, en dansant, sortir de l'espace et du temps. Jadis, dans mes tentations, que ne suis-je mort en rêvant! Tout, comme ici, était noir. Là-haut, plus loin que ma vraie vie, au bord du hideux entonnoir, hurlaient et geignaient les Harpies. Les eaux de Jupiter, de Vénus et de Mars se déversaient avec fracas sur les assises de l'infini.

BÉATRIX

J'en vois mille, dix mille! Montjoie Saint-Denis, maître! les nôtres, rapides, rapides, ensoleillés! Au maître des obscurs on fera rendre gorge. Vous, Georges, Michel, claires têtes, saintes tempêtes d'ailes éployées, et toi, si blanc d'amour sous l'argent et le lin...

L'ADEPTE

Ici encore, je n'en vois qu'un.

BÉATRIX

Troupe maudite! ricaneurs! spoliateurs! calomniateurs! Avec leurs froides, pâles épées atroces, dentelées, dans les larmes trempées, ils s'élancent... Ils l'ont saisi, ils l'entraînent... Tout est silence...

L'ADEPTE

Sept cris terribles dans la nuit : tout est fini, tout est fini. Fini terrestrement, fini petitement, fini, fini, irréparablement fini. Non. Il se soulève à demi : la blancheur de l'incandescence lui prend à deux mains, en silence, la tête. Elle le cajole ainsi. Souffle, soufflet, mais souffle donc! Il est tout transi...

Un cri nouveau, par sept fois, résonne. Est-ce un nom? Je le crois. Le Maître me pardonne! Il ouvre les yeux, il renaît. Il renaît, te dis-je. Il renaît, renaît, renaît, renaît, renaît! Ô prodige! Regarde bien, penche-toi, jeune mère! Le feu paternel rit, il n'est plus en colère. Quelle nuit! mais c'est la dernière.

BÉATRIX

Le voici à nos pieds. Ô chose de lumière! sainteté! charité! santé!

L'ADEPTE

Je renais, et cependant, je meurs. C'est comme il y a très longtemps, avant, avant, bien avant la dernière sortie du Semeur. Jeune mère, qu'arrive-t-il? Où sommes-nous, moi homme et toi femme, à genoux? Que signifie cela, ma chère, chère tête? Dehors, la sainte nuit est réelle, pourtant. Sur tout le corps du firmament en fête ruisselle une eau lustrale de beauté.

BÉATRIX

La lune, la grande diamantée, dans la saulaie muette du nuage, tisse en toute tranquillité son arantèle de miroitante nécessité. Moi aussi, je renais, et cependant je meurs. Oui, c'est tout à fait comme avant la dernière sortie du Semeur.

L'ADEPTE

Comme tout ton être secret respire en moi, femme, eau sourde et salutaire sous la crypte. Oh! ton visage comme l'Égypte! Ô visage, visage de fuite en Égypte! Ô mains comme un pain céleste rompu en deux! Oh! tes yeux si... tes yeux! tes yeux! C'est comme si mon âme avait déjà quitté la terrestre livrée. Qui donc a dit cela:

Heureux, heureux amants. Le rien dans son souffle inspiré me retient suspendu sur la montagne des Dormans. Mes chaînes de constellations sont rompues.

BÉATRIX

C'est la vie délivrée.

O. V. de L. Milosz, «La nuit de Noël de 1922 de l'adepte», *Poésies*, t. II, textes, notes et variantes établies par Jacques Buge, Paris, Éditions André Silvaire, 1960 [1924], p. 171- 176.

III

DANS L'ATTENTE DE NOËL

33

Les Misérables
(1862)

Victor Hugo

La nuit de Noël, tous les enfants, sans exception, devraient être heureux. Ce n'est pas toujours le cas, aujourd'hui comme hier. Quel surcroît de cruauté conçue par l'affreux couple des Thénardier aura jeté dehors la petite Cosette, dans la nuit de Noël, avec un seau à la main et un ordre aboyé dans les oreilles: «va chercher de l'eau à la source»? La source est dans la forêt, à l'écart du village. Partout ailleurs, l'époque de l'année invite aux réjouissances. Bien à l'abri dans leur auberge et entourés de bruits et de lumières, les Thénardier n'auront-ils pas pitié de l'orpheline qui leur tient lieu de souillon et de servante? Savent-ils, les Thénardier de ce monde, que le temps des cruautés a une fin et que certains miracles ont parfois lieu pendant la nuit de Noël? Cosette se croyait seule au monde. Elle se trompait. Mais avant de se découvrir un protecteur, il lui faut affronter la nuit et la peur qui étreint.

Les Misérables

La petite toute seule

COMME L'AUBERGE THÉNARDIER était dans cette partie du village qui est près de l'église, c'était à la source du bois du côté de Chelles que Cosette devait aller puiser de l'eau.

Elle ne regarda plus un seul étalage de marchand. Tant qu'elle fut dans la ruelle du Boulanger et dans les environs de l'église, les boutiques illuminées éclairaient le chemin, mais bientôt la dernière lueur de la dernière baraque disparut. La pauvre enfant se trouva dans l'obscurité. Elle s'y enfonça. Seulement, comme une certaine émotion la gagnait, tout en marchant elle agitait le plus qu'elle pouvait l'anse du seau. Cela faisait un bruit qui lui tenait compagnie.

Plus elle cheminait, plus les ténèbres devenaient épaisses. Il n'y avait plus personne dans les rues. Pourtant, elle rencontra une femme qui se retourna en la voyant passer, et qui resta immobile, marmottant entre ses lèvres : « Mais où peut donc aller cet enfant ? Est-ce que c'est un enfant-garou ? » Puis la femme reconnut Cosette. « Tiens, dit-elle, c'est l'Alouette ! »

Cosette traversa ainsi le labyrinthe de rues tortueuses et désertes qui termine du côté de Chelles le village de Montfermeil. Tant qu'elle eut des maisons et même seulement des murs des deux côtés de son chemin, elle alla assez hardiment. De temps en temps, elle voyait le rayonnement d'une chandelle à travers la fente d'un volet, c'était de la lumière et de la vie, il y avait là des gens, cela la rassurait. Cependant, à mesure qu'elle avançait, sa marche se ralentissait comme machinalement. Quant elle eut passé l'angle de la dernière maison, Cosette s'arrêta. Aller au-delà de la dernière boutique, cela avait été difficile; aller plus loin que la dernière maison, cela devenait impossible. Elle posa le seau à terre, plongea sa main dans ses cheveux et se mit à se gratter lentement la tête, geste propre aux enfants terrifiés et indécis. Ce n'était plus Montfermeil, c'étaient les champs. L'espace noir et désert était devant elle. Elle regarda avec désespoir cette obscurité où il n'y avait plus personne, où il y avait des bêtes, où il y avait peut-être des revenants. Elle regarda bien, et elle entendit les bêtes qui marchaient dans l'herbe, et elle vit distinctement les revenants qui remuaient dans les arbres. Alors elle ressaisit le seau, la peur lui donna de l'audace :

– Bah! dit-elle, je lui dirai qu'il n'y avait plus d'eau !

Et elle rentra résolument dans Montfermeil.

À peine eut-elle fait cent pas qu'elle s'arrêta encore, et se remit à se gratter la tête. Maintenant, c'était la Thénardier qui lui apparaissait; la Thénardier hideuse avec sa bouche d'hyène et la colère flamboyante dans les yeux. L'enfant jeta un regard lamentable en avant et en arrière. Que faire? que devenir? où aller? Devant elle le spectre de la Thénardier; derrière elle tous les fantômes de la nuit et des bois. Ce fut devant la Thénardier qu'elle recula. Elle reprit le chemin de la source et se mit à courir. Elle sortit du village en courant, elle entra dans le bois en courant, ne regardant plus rien, n'écoutant plus rien. Elle n'arrêta sa course que lorsque la respiration lui manqua, mais elle n'interrompit point sa marche. Elle allait devant elle, éperdue.

Tout en courant, elle avait envie de pleurer.

Le frémissement nocturne de la forêt l'enveloppait tout entière. Elle ne pensait plus, elle ne voyait plus. L'immense nuit faisait face à ce petit être. D'un côté, toute l'ombre ; de l'autre, un atome. [...]

Elle arriva ainsi à la source.

C'était une étroite cuve naturelle creusée par l'eau dans un sol glaiseux, profonde d'environ deux pieds, entourée de mousses et de ces grandes herbes gaufrées qu'on appelle collerettes de Henri IV, et pavée de quelques grosses pierres. Un ruisseau s'en échappait avec un petit bruit tranquille.

Cosette ne prit pas le temps de respirer. Il faisait très noir, mais elle avait l'habitude de venir à cette fontaine. Elle chercha de la main gauche dans l'obscurité un jeune chêne incliné sur la source qui lui servait ordinairement de point d'appui, rencontra une branche, s'y suspendit, se pencha et plongea le seau dans l'eau. Elle était dans un moment si violent que ses forces étaient triplées. [...]

Cela fait, elle s'aperçut qu'elle était épuisée de lassitude. Elle eût bien voulu repartir tout de suite ; mais l'effort de remplir le seau avait été tel qu'il lui fut impossible de faire un pas. Elle fut bien forcée de s'asseoir. Elle se laissa tomber sur l'herbe et y demeura accroupie. Elle ferma les yeux, puis elle les rouvrit, sans savoir pourquoi, mais elle ne pouvait faire autrement.

À côté d'elle l'eau agitée dans le seau faisait des cercles qui ressemblaient à des serpents de feu blanc.

Au-dessus de sa tête, le ciel était couvert de vastes nuages noirs qui étaient comme des pans de fumée. Le tragique masque de l'ombre semblait se pencher vaguement sur cet enfant.

Jupiter se couchait dans les profondeurs.

L'enfant regardait d'un œil égaré cette grosse étoile qu'elle ne connaissait pas et qui lui faisait peur. La planète, en effet, était en ce moment très près de l'horizon et traversait une épaisse couche de brume qui lui donnait une rougeur horrible. La brume, lugubrement empourprée, élargissait l'astre. On eût dit une plaie lumineuse.

Un vent froid soufflait de la plaine. Le bois était ténébreux, sans aucun froissement de feuilles, sans aucune de ces vagues et fraîches lueurs de l'été. De grands branchages s'y dressaient affreusement. Des buissons chétifs et difformes sifflaient dans les clairières. Les hautes herbes fourmillaient sous la bise comme des anguilles. Les ronces se tordaient comme de longs bras armés de griffes cherchant à prendre des proies ; quelques bruyères sèches, chassées par le vent, passaient rapidement et avaient l'air de s'enfuir avec épouvante devant quelque chose qui arrivait. De tous les côtés il y avait des étendues lugubres. [...]

Les forêts sont des apocalypses ; et le battement d'ailes d'une petite âme fait un bruit d'agonie sous leur voûte monstrueuse.

Sans se rendre compte de ce qu'elle éprouvait, Cosette se sentait saisie par cette énormité noire de la nature. Ce n'était plus seulement de la terreur qui la gagnait, c'était quelque chose de plus terrible même que la terreur. Elle frissonnait. Les expressions manquent pour dire ce qu'avait d'étrange ce frisson qui la glaçait jusqu'au fond du cœur. Son œil était devenu farouche. Elle croyait sentir qu'elle ne pourrait peut-être pas s'empêcher de revenir là à la même heure le lendemain.

Alors, par une sorte d'instinct, pour sortir de cet état singulier qu'elle ne comprenait pas, mais qui l'effrayait, elle se mit à compter à haute voix un, deux, trois, quatre, jusqu'à dix, et, quant elle eut fini, elle recommença. Cela lui rendit la perception vraie des choses qui l'entouraient. Elle sentit le froid à ses mains qu'elle avait mouillées en puisant de l'eau. Elle se leva. La peur lui était revenue, une peur naturelle et insurmontable. Elle n'eut plus qu'une pensée, s'enfuir; s'enfuir à toutes jambes, à travers bois, à travers champs, jusqu'aux maisons, jusqu'aux fenêtres, jusqu'aux chandelles allumées. Son regard tomba sur le seau qui était devant elle. Tel était l'effroi que lui inspirait la Thénardier qu'elle n'osa pas s'enfuir sans le seau d'eau. Elle saisit l'anse à deux mains. Elle eut de la peine à soulever le seau.

Elle fit ainsi une douzaine de pas, mais le seau était plein, il était lourd, elle fut forcée de le reposer à terre. Elle respira un instant, puis elle enleva l'anse de nouveau, et se remit à marcher, cette fois un peu plus longtemps. Mais il fallut s'arrêter encore. Après quelques secondes de repos, elle repartit. Elle marchait penchée en avant, la tête baissée, comme une vieille. Le poids du seau tendait et roidissait ses bras maigres. L'anse de fer achevait d'engourdir et de geler ses petites mains mouillées; de temps en temps elle était forcée de s'arrêter, et chaque fois qu'elle s'arrêtait l'eau froide qui débordait du seau tombait sur ses jambes nues. Cela se passait au fond d'un bois, la nuit, en hiver, loin de tout regard humain; c'était un enfant de huit ans. Il n'y avait que Dieu en ce moment qui voyait cette chose triste. [...]

Cette angoisse se mêlait à son épouvante d'être seule dans le bois la nuit. Elle était harassée de fatigue et n'était pas encore sortie de la forêt. Parvenue près d'un vieux châtaignier qu'elle connaissait, elle fit une dernière halte plus longue que les autres pour bien se reposer, puis elle rassembla toutes ses forces, reprit le seau et se remit à marcher courageusement. Cependant le pauvre petit être désespéré ne put s'empêcher de s'écrier : Ô mon Dieu ! mon Dieu !

En ce moment, elle sentit tout à coup que le seau ne pesait plus rien. Une main, qui lui parut énorme, venait de saisir l'anse et la soulevait vigoureusement. Elle leva la tête. Une grande forme noire, droite et debout, marchait auprès d'elle dans l'obscurité. C'était un homme qui était arrivé derrière elle et qu'elle n'avait pas entendu venir. Cet homme, sans dire un mot, avait empoigné l'anse du seau qu'elle portait.

Il y a des instincts pour toutes les rencontres de la vie. L'enfant n'eut pas peur. [...]

Victor Hugo, « La petite toute seule » dans *Les Misérables*, Paris, Gallimard, « La Pléiade », 1951 [1862], p. 401-406.

34

Le Grand Meaulnes
(1913)

Alain-Fournier

Certes, il y a la fête de Noël. Mais les semaines qui la précè-
dent, rythmées par les longues nuits de l'Avent, propices à
l'attente et aux songes, sont tout aussi riches de signification. *Le Grand Meaulnes*, l'une des plus belles réussites de la
littérature française du XXe siècle, tient du rêve éveillé et fait
se télescoper passé et présent dans une province en appa-
rence immuable. Le roman d'Alain-Fournier permet d'évoquer Noël sans y être encore, tout en y rêvant, au moment
d'entr'apercevoir le pays fabuleux de l'enfance. Dans une
campagne raidie par le gel, le jeune Augustin Meaulnes, pas
encore un adulte, plus tout à fait un enfant, se perd en chemin et hésite : faut-il grandir ? Métaphore subtile qui ouvre
d'autres perspectives. À l'approche du solstice d'hiver, avec
lequel elle coïncide, une étrange fête païenne se prépare. Où
vont ces enfants déguisés ? Pour qui fait-on de la musique ?
Et pourquoi faudrait-il ensuite retrouver le monde réel ?
Alain-Fournier fait partie de ces écrivains fauchés en pleine
jeunesse par la boucherie de la Grande Guerre. Qu'importe
si l'œuvre n'a pu tenir toutes ses promesses. Il reste *Le Grand
Meaulnes*, roman dont le charme n'est jamais aussi puissant
que lorsqu'il agit à l'adolescence. Il reste les bois et les étangs
de la Sologne, qui ne sont peut-être qu'un autre nom donné
à l'enfance. Et Noël, dans quelques semaines. Patience.

Le domaine mystérieux

ÈS LE PETIT JOUR, il se reprit à marcher. Mais son genou enflé lui faisait mal; il lui fallait s'arrêter et s'asseoir à chaque moment tant la douleur était vive. L'endroit où il se trouvait était d'ailleurs le plus désolé de la Sologne. De toute la matinée, il ne vit qu'une bergère, à l'horizon, qui ramenait son troupeau. Il eut beau la héler, essayer de courir, elle disparut sans l'entendre.

Il continua cependant de marcher dans sa direction, avec une désolante lenteur... Pas un toit, pas une âme. Pas même le cri d'un courlis dans les roseaux des marais. Et, sur cette solitude parfaite, brillait un soleil de décembre, clair et glacial.

Il pouvait être trois heures de l'après-midi lorsqu'il aperçut enfin, au-dessus d'un bois de sapin, la flèche d'une tourelle grise.

«Quelque vieux manoir abandonné, se dit-il, quelque pigeonnier désert!...»

Et, sans presser le pas, il continua son chemin. Au coin du bois débouchait, entre deux poteaux blancs, une allée où Meaulnes s'engagea. Il y fit quelques pas et s'arrêta, plein de surprise, troublé d'une émotion inexplicable. Il marchait pourtant du même pas fatigué, le vent glacé lui gerçait les lèvres, le suffoquait par instants; et pourtant un contentement extraordinaire le soulevait, une tranquillité parfaite et presque enivrante, la certitude que son but était atteint et qu'il n'y avait plus maintenant que du bonheur à espérer. C'est ainsi que, jadis, la veille des grandes fêtes d'été, il se sentait défaillir, lorsqu'à la tombée de la nuit on plantait des sapins dans les rues du bourg et que la fenêtre de sa chambre était obstruée par les branches.

«Tant de joie, se dit-il, parce que j'arrive à ce vieux pigeonnier, plein de hiboux et de courants d'air!...»

Et, fâché contre lui-même, il s'arrêta, se demandant s'il ne valait pas mieux rebrousser chemin et continuer jusqu'au prochain village. Il réfléchissait depuis un instant, la tête basse, lorsqu'il s'aperçut soudain que l'allée était balayée à grands ronds réguliers comment on faisait chez lui pour les fêtes. Il se trouvait dans un chemin pareil à la grand-rue de la Ferté, le matin de l'Assomption!... Il eût aperçu au détour de l'allée une troupe de gens en fête soulevant la poussière, comme au mois de juin, qu'il n'eût pas été surpris davantage.

«Y aurait-il une fête dans cette solitude?» se demandait-il.

Avançant jusqu'au premier détour, il entendit un bruit de voix qui s'approchait. Il se jeta de côté dans les jeunes sapins touffus, s'accroupit et écouta en retenant son souffle. C'étaient des voix enfantines. Une troupe d'enfants passa tout près de lui. L'un d'eux, probablement une petite fille, parlait d'un ton si sage et si entendu que Meaulnes, bien qu'il ne comprît guère le sens de ses paroles, ne put s'empêcher de sourire.

«Une seule chose m'inquiète, disait-elle, c'est la question des chevaux. On n'empêchera jamais Daniel, par exemple, de monter sur le grand poney jaune!

– Jamais on ne m'en empêchera, répondit une voix moqueuse de jeune garçon. Est-ce que nous n'avons pas toutes les permissions ?... Même celle de nous faire mal, s'il nous plaît... »

Et les voix s'éloignèrent, au moment où s'approchait déjà un autre groupe d'enfants.

« Si la glace est fondue, dit une fillette, demain matin, nous irons en bateau.

– Mais nous le permettra-t-on ? dit une autre.

– Vous savez bien que nous organisons la fête à notre guise.

– Et si Frantz rentrait dès ce soir, avec sa fiancée ?

– Eh bien, il ferait ce que nous voudrions !... »

« Il s'agit d'une noce, sans doute, se dit Augustin. Mais ce sont les enfants qui font la loi, ici ?... Étrange domaine ! »

Il voulut sortir de sa cachette pour leur demander où l'on trouverait à boire et à manger. Il se dressa et vit le dernier groupe qui s'éloignait. C'étaient trois fillettes avec des robes droites qui s'arrêtaient aux genoux. Elles avaient de jolis chapeaux à bride. Une plume blanche leur traînait dans le cou, à toutes les trois. L'une d'elles, à demi retournée, un peu penchée, écoutait sa compagne qui lui donnait de grandes explications, le doigt levé.

« Je leur ferais peur », se dit Meaulnes, en regardant sa blouse paysanne déchirée et son ceinturon baroque de collégiens de Sainte-Agathe.

Craignant que les enfants ne le rencontrassent en revenant par l'allée, il continua son chemin à travers les sapins dans la direction du « pigeonnier », sans trop réfléchir à ce qu'il pourrait demander là-bas. Il fut bientôt arrêté à la lisière du bois, par un petit mur moussu. De l'autre côté, entre le mur et les annexes du domaine, c'était une longue cour étroite toute remplie de voitures, comme une cour d'auberge un jour de foire. Il y en avait de tous les genres et de toutes les formes : de fines petites voitures à quatre places, les brancards en l'air ; des chars à bancs ; des bourbonnaises démodées avec des galeries à moulures, et même de vieilles berlines dont les glaces étaient levées.

Meaulnes, caché derrière les sapins, de crainte qu'on ne l'aperçût, examinait le désordre du lieu, lorsqu'il avisa, de l'autre côté de la cour, juste au-dessus du siège d'un haut char à bancs, une fenêtre des annexes à demi ouverte. Deux barreaux de fer, comme on en voit derrière les domaines aux volets toujours fermés des écuries, avaient dû clore cette ouverture. Mais le temps les avait descellées.

« Je vais entrer là, se dit l'écolier, je dormirai dans le foin et je partirai au petit jour, sans avoir fait peur à ces belles petites filles. »

Il franchit le mur, péniblement, à cause de son genou blessé, et, passant d'une voiture sur l'autre, du siège de char à bancs sur le toit d'une berline, il arriva à la hauteur de la fenêtre, qu'il poussa sans bruit comme une porte.

Il se trouvait non pas dans un grenier à foin, mais dans une vaste pièce au plafond bas qui devait être une chambre à coucher. On distinguait, dans la demi-obscurité du soir d'hiver, que la table, la cheminée et même les fauteuils étaient chargés de grands vases, d'objets de prix, d'armes anciennes. Au fond de la pièce des rideaux tombaient, qui devaient cacher une alcôve.

Meaulnes avait fermé la fenêtre, tant à cause du froid que par crainte d'être aperçu du dehors. Il alla soulever le rideau du fond et découvrit un grand lit bas, couvert de vieux livres dorés, de luths aux cordes cassées et de candélabres jetés pêle-mêle. Il repoussa toutes ces choses dans le fond de l'alcôve, puis s'étendit sur cette couche pour s'y reposer et réfléchir un peu à l'étrange aventure dans laquelle il s'était jeté.

Un silence profond régnait sur ce domaine. Par instants seulement on entendait gémir le grand vent de décembre.

Et Meaulnes, étendu, en venait à se demander si, malgré ces étranges rencontres, malgré la voix des enfants dans l'allée, malgré les voitures entassées, ce n'était pas là simplement, comme il l'avait pensé d'abord, une vieille bâtisse abandonnée dans la solitude de l'hiver.

Il lui sembla bientôt que le vent lui portait le son d'une musique perdue. C'était comme un souvenir plein de charme et de regret. Il se rappela le temps où sa mère, jeune encore, se mettait au piano l'après-midi dans le salon, et lui, sans rien dire, derrière la porte qui donnait sur le jardin, il l'écoutait jusqu'à la nuit...

«On dirait que quelqu'un joue du piano quelque part?» pensa-t-il.

Mais laissant sa question sans réponse, harassé de fatigue, il ne tarda pas à s'endormir... [...]

Alain-Fournier, «Le domaine mystérieux», dans *Le Grand Meaulnes*, Paris, Fayard, «Écrivains choisis par l'Académie Goncourt», 1972, p. 55-57.

35

Un roi sans divertissement
(1948)

Jean Giono

L'une des Pensées de Pascal («un roi sans divertissement est un homme plein de misères») a donné son titre à ce roman grave et beau. *Un roi sans divertissement* est un sommet dans l'œuvre de Giono, qui en compte plusieurs. Dans l'ouvrage *Pour saluer Melville*, longue et enthousiaste préface d'un Giono traducteur et écrivain, ce dernier reconnaissait en l'auteur de *Moby Dick* un frère d'armes et chantait le bonheur d'écrire contre la nuit des hommes. *Un hussard sur le toit*, autre grand roman de Giono, ne cachait pas sa dette à l'endroit de Stendhal, celle-ci alors payée dans l'allégresse. *Un roi sans divertissement* appartient à la face sombre de l'œuvre. Cette chronique d'un village qui vit dans la peur montre la part torturée de la nature humaine. Le choix du titre n'est pas anodin : à quelles extrémités l'homme qui s'ennuie peut-il être poussé ? À partir de 1843, et pendant plusieurs années, dans un village du pays de Trièves, dans le Dauphiné, les disparitions se succèdent, laissant des traces de sang pour toute signature. Disparaît d'abord Marie Chazottes, jeune brune au teint de lait, puis Ravanel, puis Georges, gaillard de vingt ans, puis Bergues, homme vigoureux. Tous ont disparu de manière précipitée, comme ravis à leurs occupations quotidiennes. Dès lors, même placés sous la bonne garde du capitaine de gendarmerie Langlois, installé au village pour débusquer le tueur, les habitants vivent dans l'angoisse. Le capitaine aura bien besoin d'alliés : la tenancière du Café de la Route, le curé, dans son église, et peut-être, oui, la grâce divine, dispensée libéralement, dit-on, pendant la nuit de Noël. C'est que la force ici à l'œuvre paraît plus maléfique encore qu'un loup-garou ou qu'un monstre suceur de sang. La neige est oppressante. Seule la nuit de Noël pourra peut-être tenir la bête à distance.

Un roi sans divertissement

*L*e *Café de la Route*, à cette époque, était tenu par une surnommée Saucisse : une vieille lorette de Grenoble qui avait décidé de passer ses soixante ans au vert (réalisation, sans doute, du rêve de tout son service actif) ; une maîtresse femme, plantée dans quatre-vingt-dix-huit kilos, une bouche de cuivre avec laquelle elle sonnait volontiers la charge dans les oreilles de ceux qui essayaient de lui marcher sur les pieds. Elle n'avait jamais rôti de balai que dans des sous-préfectures ou des villes de garnison, ce qui exige évidemment de la cuisse mais surtout un sens profond des affaires et une solide imagination, y compris la connaissance des deux mondes superposés. Il ne faut pas oublier que ces femmes-là, sur la fin de leur gloire, consolèrent tout le contingent des vieux officiers subalternes retour d'Algérie et du paradis d'Allah. Naturellement, avec Langlois, en tout bien tout honneur, ils s'entendaient comme cul et chemise.

L'hiver, le *Café de la Route* chômait. Vers les midi, quatre ou cinq vieux venaient y boire pour un sou de gloria. Ils restaient là jusqu'à trois heures à dormir autour du poêle. Saucisse s'asseyait près de Langlois et ils discutaient de la marche du monde.

« Qu'est-ce que tu ferais d'un homme mort, toi ? disait Langlois.

– Rien, disait-elle.

– Évidemment », disait Langlois.

C'était, comme les années précédentes, un hiver lourd et bas, noir de neige.

«Un sacré trou, disait Langlois.

– Ça vaut Grenoble, disait-elle.

– Pas de ton avis», disait Langlois.

Autour du poêle, les vieux puaient le velours chauffé et la chique.

«Qu'est-ce que tu entends par : ça vaut ? disait Langlois

– Qu'est-ce que tu y trouves à Grenoble ? disait-elle.

– Rien, disait Langlois. Il y a un village du côté de Mer el-Oued, disait Langlois, c'est pareil.

– Il n'y a pas de neige ? disait-elle

– Non, mais il y a du soleil», disait Langlois.

On vécut novembre et décembre en bombant le dos et en attendant on ne savait quoi. Vers les alentours de Noël, le temps se releva ; il y eut même quatre à cinq jours de vrai soleil, glacés mais très lumineux. On carillonna la fête.

Langlois mit ses bottes et alla trouver M. le Curé.

«C'est votre messe de minuit qui m'inquiète, dit-il.

– Elle partait bien pourtant», dit le curé, et il lui fit visiter l'église qu'il décorait depuis une semaine avec du houx, du buis et des guirlandes de papier.

Langlois avoua plus tard avoir été fortement impressionné par les candélabres dorés, les cierges entourés de papier d'étain et les belles chasubles exposées dans la sacristie :

«Tous ces blasons, dit-il... («Nous comprenions tous une partie du mystère dit-il, mais personne ne le comprenait en entier. »)

– Vous m'excuserez, monsieur le Curé, dit Langlois mais, est-ce que, dans les villages à côté, là, dans le canton, on a mis aussi de belles choses dans les églises ?

– Certes, répondit le curé. Et même, nous sommes les plus pauvres, nous. Nous sommes la seule paroisse qui ne dispose pas de vrais ors pour orner ses autels. Tout ceci est du cuivre que j'ai soigneusement fourbi, mais à Saint-Maurice, et à Clelles, et à Prébois, et même plus loin ils ont de l'or véritable. Il y a à Clelles, notamment, un ostensoir qui vaut une fortune. »

Langlois était à ce moment-là tellement près de connaître toute la vérité qu'il demanda si ce qu'on appelait l'ostensoir ça n'était pas cette (il chercha son mot) chose ronde ?

« Précisément, dit M. le Curé, avec des rayons semblables au soleil.

– Très bien, très bien, dit Langlois, vous dites donc qu'il y aura des ostensoirs et des candélabres, et des vestes, enfin des uniformes semblables à ceux-là dans toutes les églises du canton ?

– De plus beaux, de bien plus beaux, dit M. le Curé qui était un athlète timide et inspiré.

– Eh bien ! dit Langlois, disons cette messe-là, monsieur le Curé, j'ai l'impression qu'on ne risquera peut-être pas grand-chose. »

Langlois prit toutefois ses précautions. Il décida que, du moment qu'il était là, n'est-ce pas, tant valait qu'il serve à quelque chose. Au surplus, il fit remarquer que, de lui désobéir n'avait pas porté bonheur à Delphin-Jules. Et voilà ce qu'il dit :

« Messe de minuit, je vous y mène. Je ramasse les femmes, et les hommes, ceux qui veulent venir ; enfin, il m'en faut quelques-uns quand même, je ne suis pas de taille à commander, combien êtes-vous : trente ? quarante ? cinquante femmes ? Non, il me faut quatre hommes : un derrière, deux en serre-file et moi devant. »

Il en trouva plus de quatre. Il en trouva plus de trente qui vinrent le chercher avec des lanternes jusqu'au *Café de la Route.* Pendant qu'il mettait ses bottes, ils l'attendirent dehors. Les lanternes faisaient jouer des lueurs brusques à travers la neige qui tombait. Il y avait également deux ou trois porteurs de torches qui balançaient des flammes nues et des fumées de poix dans l'écroulement blanc. Langlois ayant mis ses bottes dit à Saucisse avant de sortir :

« Ils sont au moins trente, j'ai l'impression de savoir de quoi il s'agit et chaque fois ça m'échappe. Ils sont trente, et regarde-les s'ils ne s'amusent pas avec leurs lanternes. Ça me dit quelque chose. »

Les femmes aussi s'amusèrent beaucoup. Elles restèrent très dignes mais elles jubilaient ; même la mère de Marie Chazottes qu'une belle-sœur menait sous le bras ; Anselmie, sans aucun doute, avec un livre de messe de quoi assommer un bœuf.

M. le Curé avait préparé une chaise pour Langlois, au premier rang, mais le capitaine resta près de la porte.

« Ma place est là, monsieur le Curé, nous sommes de service tous les deux ce soir, dit-il.

– Vous ne croyez cependant pas que le monstre…, dit le curé.

– Ce n'est peut-être pas un monstre », dit Langlois.

La messe se passa sans incidents. Elle fut magnifique. Les cierges brasillaient en buissons et même M. le Curé se paya le luxe de mettre dans chaque encensoir une petite pincée de vrai encens. Dès que la fumée balsamique commença à se répandre en orbes balancés dans le petit vaisseau de l'église, Langlois (qui pensait à toutes les églises du canton) eut la certitude que la nuit se passerait sans rapt. « Je comprends tout, se dit-il, et je ne peux rien expliquer. Je suis comme un chien qui flaire un gigot dans un placard. »

À la sortie, M. le Curé participa lui-même à la bonne garde de son troupeau. Il se sentait, dit-il, personnellement responsable. Il ne neigeait plus. La nuit était serrée dans un calme de fer. Cela fit une procession au long de laquelle les cierges et les flambeaux avaient des flammes droites comme des fers de lances.

« Je suis très content que tout le monde soit rentré sans encombre, dit M. le Curé à Langlois qui le raccompagnait au presbytère.

– Il ne pouvait rien se passer ce soir, dit Langlois.

– Pour être un soldat qui a été un héros sur les champs de bataille, dit M. le Curé, vous n'en avez pas moins une connaissance exacte des puissances de la messe, je vous en félicite. Avouez que le monstre ne peut pas approcher du sacrifice divin. »

Langlois et M. le Curé, portant chacun un cierge, se trouvaient à ce moment-là tous les deux seuls au seuil du presbytère ; c'est-à-dire à l'orée du village ; et, à cent mètres au-delà d'un petit pré, on voyait dans la nuit très noire la muraille très noire de la forêt.

« En vérité, dit Langlois, je ne voudrais pas vous troubler, monsieur le Curé, mais je crois qu'il s'en approche fort bien et je crois, au contraire, que c'est parce qu'il s'en est approché que nous n'avons rien risqué.

– La grâce divine ? demanda M. le Curé.

– Je ne sais pas comment cela peut s'appeler, dit Langlois. Nous sommes des hommes, vous et moi, poursuivit-il, nous n'avons pas à nous effrayer de mots, eh bien ! mettons qu'il ait trouvé ce soir un *divertissement* suffisant.

– Vous m'effrayez, dit M. le Curé. [...]

Jean Giono, «Un roi sans divertissement», dans *Œuvres romanesques complètes*, Paris, Gallimard, «La Pléiade», 1974 [1948], p. 482-486.

IV

NOËL NOIR

36

Le Tambour
(1960)

Günter Grass

Roman délirant, outré comme le nazisme qu'il met en scène, roman grotesque comme le veut une époque qui pervertit les valeurs les plus hautes et que l'Occident croyait pérennes: *Le Tambour*, de Günter Grass, oui, est un grand roman. Oscar Matzerath, lorsqu'il atteint l'âge de trois ans, refuse dorénavant de grandir, ce qui lui vaudra de pouvoir, sans cesser de taper sur son tambour, observer les adultes à hauteur d'enfant, avec l'ambiguïté, la générosité, l'égoïsme et la perfidie de l'adulte qu'il devient peu à peu, malgré lui. Dans la nuit du 8 au 9 novembre 1938, à Dantzig, ville libre qui sera annexée au Reich moins d'un an plus tard, a lieu, comme dans d'autres villes du Reich, une série de pogroms qui passeront à l'histoire sous le nom de Nuit de cristal. Fracasser les vitrines des marchands juifs, piller leurs commerces, massacrer les propriétaires: ce n'est là que le début du cauchemar où est plongée l'Allemagne d'Hitler, et avec elle le reste du monde.

La mère d'Oscar avait l'habitude d'acheter les tambours de son fils, qui en fait grande consommation, chez un certain marchand de jouets juif. Le suicide de ce dernier, au début de cette nuit tragique, prive l'enfant de lumière, à un moment où s'abattent les ténèbres du mal, et force chez lui une prise de conscience.

L'extrait qu'on lira maintenant est particulièrement révélateur du style emporté, prophétique, véhément de Günter Grass qui, dans ce roman, multiplie les points de vue et fait osciller la narration de la première à la troisième personne, dans un délire qui est bien celui de l'époque. Scandé de manière incantatoire par une série de «Il était une fois», l'extrait retenu ironise sur les contes de nourrice qui tournent au cauchemar. Du reste, que sont devenus les contes de fées dans l'Allemagne des frères Grimm et d'Hitler? Dans ce Reich où un marchand de jouets (Markus) se suicide avant le pillage de sa boutique par les nazis? Et qu'en est-il de la cruauté elle-même dans ce Reich où un joueur de trompette (Meyn), qui a noyé une portée de chats et cogne volontiers du Juif, est dénoncé par son voisin sympathisant nazi pour cruauté envers les animaux? Ce détail est plein d'une terrible ironie, que plus personne ne voit, occupé à détourner les yeux quand des vieillards juifs sont tabassés dans la rue. Et puis qu'en est-il de Noël et des valeurs évangéliques – humilité, amour du prochain – qu'illustre le récit de la Nativité? Comment ne pas voir le retournement grimaçant de ces valeurs qu'opère l'époque? Ils se disaient pourtant chrétiens, ces nazis, qui ont entrepris un travail de sape du langage au point de rendre amère la promesse de Noël et d'en détourner la nuit, son mystère renouvelé, pour imposer la leur, sanguinaire et brutale.

Le tambour

*I*L ÉTAIT UNE FOIS un marchand de jouets, il s'appelait Sigismond Markus et vendait, entre autres, des tambours vernis blanc et rouge. Oscar, dont il vient d'être question, était le principal acheteur de ces tambours, parce qu'il était tambour de vocation et ne pouvait ni ne voulait vivre sans tambour. C'est pourquoi, parti de la synagogue en flammes, il se hâta vers le passage de l'Arsenal, car c'était là qu'habitait le gardien de ses tambours; mais il le trouva dans un état qui lui rendait impossible à l'avenir la vente des tambours, si ce n'était dans un autre monde.

Eux, ces mêmes artisans du feu auxquels je, Oscar, croyais avoir échappé, avaient déjà rendu visite à Markus avant moi, trempé des pinceaux dans la couleur et écrit en travers de la vitrine, en écriture Sütterlin, les mots «salaud de juif»; ensuite, par dépit de leur propre calligraphie peut-être, ils avaient enfoncé la vitrine avec leurs talons de bottes, si bien que le titre qu'ils avaient conféré à Markus n'était plus lisible que par conjecture. Méprisant la porte, ils avaient pénétré dans la boutique par la fenêtre défoncée et, là, ils jouaient de leur façon flagrante avec les jouets d'enfants.

Je les trouvai encore occupés à jouer lorsque j'entrai à mon tour dans la boutique par la vitrine. Quelques-uns avaient baissé culotte et déposé des boudins bruns, où l'on pouvait encore identifier des pois à demi digérés, sur des bateaux à voiles, des singes violoneux et mes tambours. Ils rassemblaient tous au musicien Meyn; ils portaient l'uniforme de SA de Meyn, mais Meyn n'en était pas; de même que ceux qui étaient là n'étaient pas ailleurs. L'un d'eux avait tiré son poignard. Il éventrait des poupées et paraissait chaque fois déçu que seulement des copeaux de bois coulent des torses et des membres rebondis.

J'étais inquiet pour mes tambours. Mes tambours ne leur plaisaient pas. Mon instrument ne résista pas à leur colère; il dut se taire et plier le genou. Mais Markus avait esquivé cette colère. Quand ils voulurent lui parler dans son bureau, ils ne frappèrent pas; ils enfoncèrent la porte, bien qu'elle ne fût pas fermée.

Le marchand de jouets était assis derrière sa table de travail. Il portait comme toujours des manchettes de lustrine sur son drap gris foncé de tous les jours. Des pellicules sur les épaules trahissaient une maladie des cheveux. Un SA de qui les mains exhibaient des marionnettes de guignol le heurta du bois de la grand-mère à Guignol. Mais Markus n'y était plus pour personne; plus moyen de l'outrager. Devant lui sur la table était posé un verre d'eau que la soif venait de lui ordonner de boire, quand les éclats rugissants de la vitrine lui avaient séché la gorge.

Il était une fois un tambour. Il s'appelait Oscar. Quand on lui prit le marchand de jouets et qu'on ravagea la boutique du marchand de jouets, il se douta que pour les tambours-enfants de son espèce une époque de tribulations s'annonçait. Aussi, en quittant la boutique, chipa-t-il un tambour intact et deux autres pas trop abîmés, quitta le passage de l'Arsenal en les portant en bandoulière afin de trouver sur le marché au Charbon son père qui le cherchait peut-être. Dehors, une matinée de novembre tirait à sa fin. Près du Théâtre municipal, proche l'arrêt du tramway, des religieuses et des filles laides morfondues distribuaient des brochures pieuses, quêtant avec des tirelires, et montraient entre deux perches un calicot dont l'inscription citait la première Épître aux Corinthiens, chapitre treize : « Foi Espérance Amour », put lire Oscar. Et de jongler avec les trois petits mots comme avec des bouteilles : crédule, pilules Pink, dragées d'Hercule, usine de Bonne-Espérance, lait de la Vierge, syndicat des créanciers. Crois-tu qu'il pleuvra demain ? Tout un peuple crédule croyait au Père Noël. Mais le Père Noël était en réalité l'employé du gaz. Je crois que ça sent les noix et les amandes. Mais ça sentait le gaz. Nous aurons bientôt le premier avent, paraît-il. Et le premier, le deuxième avent étaient ouverts, jusqu'au quatrième, comme on ouvre des robinets à gaz, afin que tous les gobeurs de mouches, parce que ça sentait plausiblement les noix et les amandes, pussent croire sans peur.

Le voici ! Le voici ! Qui c'est qui venait ? Le petit Jésus, le Sauveur ? Ou bien le gazier céleste avec sous le bras son compteur à gaz qui fait sans arrêt tic tac ? Et il dit : Je suis le Sauveur de ce monde, sans moi pas de cuisine. Et on pouvait lui causer deux mots, il faisait un tarif favorable, tournait les petits robinets à gaz fraîchement astiqué et laissait fuser le Saint-Esprit pour que l'on pût cuire la colombe. Et il distribuait noix et amandes qui étaient aussitôt cassées et fusaient pareillement : de l'Esprit et du gaz, si bien que les crédules n'avaient pas de difficulté, parmi l'air opaque et bleuâtre, à voir dans les gaziers devant les magasins autant de Pères Noël, et des petits Jésus toutes tailles et tous prix. Et ainsi ils croyaient en l'usine à gaz, seule dispensatrice du Salut, qui par la pulsation montante et descendante de ses gazomètres symbolisait le Destin et organisait au prix courant un avent, qui faisait croire à beaucoup de crédules que Noël viendrait; mais peu devaient survivre à la fatigue de ces jours fériés, ceux dont le stock de noix et d'amandes était insuffisant – bien que tous aient cru qu'il y en aurait pour tout le monde.

Mais après que la croyance au Père Noël se fut révélée croyance au gazier, on tâta, sans égard pour l'enchaînement de l'Épître aux Corinthiens, de l'amour. Il est écrit: je t'aime, ô je t'aime. Est-ce que tu m'aimes aussi? Tu m'aimes, dis, tu m'aimes tout de bon? Je m'aime aussi. Et, d'amour, ils s'appelaient l'un l'autre radis rose, aimaient les radis, se mordaient, un radis à coups de dents coupait le radis à l'autre. Et de se raconter des exemples de merveilleux amours célestes, mais aussi d'amours séculiers entre radis et, juste avant de mordre, se disaient tout bas, allègres, affamés et coupants: Radis rose, dis voir, tu m'aimes? Je m'aime aussi.

Mais après que les radis roses s'étaient enlevé le morceau et que la croyance au Père Noël avait été déclarée religion d'État, après la Foi et l'Amour qui avait eu son tour, il ne restait plus que le troisième garde-magasin de l'Épître aux Corinthiens: l'Espérance. Et tandis qu'ils rongeaient encore des radis, des noix et des amandes, ils espéraient déjà que ce serait bientôt rideau, histoire de recommencer ou de continuer, espérant après la musique finale, ou déjà pendant la musique finale, que ce serait bientôt la fin de la fin. Et ils ne savaient toujours pas la fin de quoi. Ils espéraient seulement que ce serait bientôt la fin, dès demain la fin, aujourd'hui peut-être, espérons-le, la fin. Et alors, quand c'était la fin, ils en faisaient vite un commencement plein d'espoir; car sur cette terre la fin est toujours commencement et espoir de toute fin, même de la fin archidéfinitive. Ainsi est-il écrit : Tant que l'homme espérera, il recommencera toujours à espérer finir avec espoir.

Mais moi je ne sais pas. Sais pas par exemple qui se cache aujourd'hui sous la barbe des Pères Noël, sais pas ce que le diable a dans son sac, sais pas comment on ferme et étrangle les robinets à gaz ; car il fuse toujours de l'avent, il re-fuse déjà de l'avent, ou bien il ne fuse toujours, sais pas, à l'essai, sais pas à l'essai pour qui, sais pas si je peux croire qu'ils astiquent avec amour, j'espère, les robinets à gaz, afin qu'ils croassent, sais pas de quel matin, de quel soir, ne sais pas si c'est d'heures de jour qu'il s'agit ; car l'Amour n'a pas ses heures, et l'Espérance est sans fin, et la Foi sans limites ; seuls le savoir et l'ignorance sont liés au temps et à la limite et cessent prématurément avant les barbes, les sacs, les amandes, si bien que je dois dire derechef : Je ne sais pas, oh, ne sais pas de quoi on remplit, par exemple, les boyaux, des boyaux de qui on se sert pour les remplir, je ne sais pas de quoi ; et pourtant les prix sont bien lisibles quelle que soit la chair à saucisse, fine ou grosse ; je ne sais pas ce qu'on a pour le prix ; je ne sais pas dans quels dictionnaires ils ont pêché les noms qu'ils donnent à leurs chairs à saucisse ; je ne sais pas comment ils chargent les dictionnaires et les boyaux ; je ne sais la viande de qui, le langage de qui : les mots ont leur quant-à-soi, les charcutiers se taisent ; je coupe des rondelles, tu ouvres les livres, je lis ce que je goûte, tu ne sais pas ce qui te plaît : rondelles de saucisson et citations de tripes et de livres – et jamais nous ne saurons qui dut s'immobiliser, se taire pour qu'on pût remplir des boyaux, faire crier des livres, bourrés, tassés, écrits serré, je ne sais pas, je devine : ce sont les mêmes charcutiers qui chargent les dictionnaires et les boyaux de langage et de saucisse; il n'y a pas de Paul, l'homme s'appelait Saül et était un Saül et, quand il était Saül, il prônait aux Corinthiens des saucisses, occasion formidable, qu'il appelait Foi, Espérance, Amour, les vantait pour leur digestibilité facile; et c'est encore lui qui de nos jours, sous la forme toujours changeante de Saül, vend sa camelote.

Et moi ils me prirent le marchand de jouets, ils voulurent m'ôter tout jouet qui fût au monde.

Il était une fois un musicien, il s'appelait Meyn et savait jouer fabuleusement de la trompette.

Il était une fois un marchand de jouets, il s'appelait Markus et vendait des tambours de fer battu vernis blanc et rouge.

Il était une fois un musicien, il s'appelait Meyn et avait quatre chats dont l'un s'appelait Bismarck.

Il était une fois un tambour, il s'appelait Oscar et était à la merci du marchand de jouets.

Il était une fois un musicien, il s'appelait Meyn et assomma ses quatre chats avec le tisonnier.

Il était une fois un horloger, il s'appelait Laubschad et était membre de la Société protectrice des animaux.

Il était une fois un tambour, il s'appelait Oscar, et ils lui prirent son marchand de jouets.

Il était une fois un marchand de jouets, il s'appelait Markus et emporta avec lui tous les jouets de ce monde.

Il était une fois un musicien, il s'appelait Meyn, et s'il n'est pas mort il vit encore et sonne toujours fabuleusement de la trompette. [...]

Günter Grass, *Le Tambour*, traduit de l'allemand par Jean Amsler, Paris, Le Seuil, «Points», 1961 [1960 pour l'édition originale allemande], p. 210-215.

37

Poussière sur la ville
(1953)

André Langevin

Le docteur Alain Dubois est un bon médecin, apprécié de sa clientèle. Son malheur est d'avoir épousé la femme qui ne lui convenait pas, la belle et légère Madeleine. Et comme si cette mésalliance ne suffisait pas, d'avoir choisi de s'enterrer avec elle dans un trou appelé Macklin. Dans cette petite ville minière du Québec des années 1940, tout le monde s'épie, tout finit par se savoir et plus personne n'ignore maintenant les déboires conjugaux du docteur Dubois, demeuré amoureux, incompréhensiblement amoureux, de l'infidèle. En cette veille de Noël, le couple aurait dû observer une trêve. Las. C'est Amertume qui s'invite, suivie de Douleur et de Résignation, tandis que Thérèse, la bonne, dresse la table du réveillon et que Madeleine ne rentre pas. André Langevin ne fait que trop bien sentir la déchéance dans laquelle s'enfonce un homme qui se découvre seul dans l'indifférence de tous. Noël ou non, à son tour, le lecteur est atteint.

Poussière sur la ville

*L*A PLUIE S'EST TRANSFORMÉE EN NEIGE, une grosse neige floconneuse qui, dans l'éclat de la lampe à arc, paraît artificielle, très cinéma. Thérèse vient de rentrer et la neige a piqué dans ses cheveux mille cristaux translucides, joyaux de quelques secondes. Ils l'auront leur décor. Les petites lampes multicolores prendront de l'éclat sur le blanc et le ciment ne résonnera pas sous les pas. J'entends les cloches de l'église, sons graves et aigus qui vibrent moelleusement dans la neige. Une pluie de douceur blanche tombe sur la ville, avale la poussière, affadit les cœurs. On ne voit plus les guirlandes de lampes au-dessus des buttes. La neige y dessine une traînée blanche en forme de cône.

– Ça va être un beau Noël!

Thérèse a encore les cils mouillés. Ses lèvres sont d'un rouge si vif qu'on ne serait pas étonné d'y voir perler une goutte de sang. Les dents blanches jouent derrière aux bijoux précieux. Cette fille-là donne envie de vivre, elle crée l'atmosphère de fête à elle toute seule. Je ne sais ce qu'elle fait ici; je croyais que Madeleine lui avait donné congé. Mais je suis heureux de la voir. De regarder tomber la neige commençait à me soulever le cœur.

Thérèse bâille en étirant les bras et la hanche gauche exagère son dessin. Elle a mis une robe d'un bleu vif qui lui donne l'air d'une campagnarde endimanchée, mais c'est un air qui lui sied. On ne l'imagine pas en robe de bal.

– Madeleine est sortie, pour la messe de minuit. Rentrez chez vous.

La demie de dix heures vient de sonner, mais Thérèse n'exprime aucune surprise, même si l'église n'est qu'à cinq minutes. Rien ne l'étonne plus dans cette maison, parce que, peut-être, elle est mieux renseignée que moi.

– Le réveillon?

Elle me demande cela comme s'il ne pouvait être question de se soustraire à un rite sacré. Elle ne veut pas que nous soyons des grandes personnes. Mais je n'en suis plus à trouver singulier ce goût du jeu qu'elles ont, Madeleine et elle.

– Mettez la table dans la salle à dîner. Cela suffira, je crois.

Elle sourit. Je suis un enfant qui a cessé de ne vouloir point être heureux. Au fond, Thérèse est un peu de mon côté lorsque Madeleine est absente. Je suis sûr qu'elle doit réussir à nous défendre tous les deux en ville. Le cinéma lui a donné le goût des beaux rôles.

Je retourne dans le salon ou la radio éjecte ses cantiques comme une machine ses boulons. Il ne me manque que du feu dans la cheminée et une femme dans les bras pour être complètement heureux. Il faut savoir se satisfaire de l'accessoire parfois.

Sans que nous nous soyons donné le mot, nous avons entrepris ce soir de nous voir heureux. Au dîner et ensuite, Madeleine était enjouée et riait à tout instant, réussissant même à rire juste parfois. Ce n'est peut-être que la neige qui l'a mise ainsi ou de me voir si peu d'entrain ou, comment savoir, son bonheur tout simplement. J'ai fait comme elle, avec moins d'aisance, moins de sincérité. Je n'ai pas encore appris à jouer. En fait, nous avons été joyeux sur le dos de Thérèse. C'était elle qui nous excitait, nous appâtait avec des facéties, nous prenait en croupe sur son bonheur. Sans Thérèse cohabiterions-nous encore? La grosse fille soutient la façade à elle toute seule.

Je l'entends faire tinter les verres, déposer les assiettes sur la nappe avec un bruit mat et chantonner le cantique de la radio. Elle crée une atmosphère rassurante, d'où la chaleur n'est pas absente. Encore un peu et je serai le célibataire heureux qui attend son amante. La nuit scintille comme un écran de cinéma et le bonheur se découpe en gros plans. Mais il n'a pas de relief. Regardez sans toucher. Un bonbon de cire qui trompe à tout coup. La messe de minuit de Madeleine, j'y crois bien sûr. Je ne l'ai vue à l'église que lors de notre mariage. Une fois de trop... Je fais un virage. Je n'aime pas les pentes ce soir. Je me maintiens à la crête, comme Thérèse. [...]

André Langevin, *Poussière sur la ville*, Montréal, Cercle du livre de France, 1953, p. 141-143.

38

Journal littéraire
(1928)

Paul Léautaud

Si tout écrivain digne de ce nom se doit d'être singulier, Paul Léautaud, esprit raffiné dans un corps d'ours mal léché, est une figure plus singulière encore: un cas. Auteur du *Petit Ami*, récit plein de justesse d'une enfance négligée, Léautaud fut un critique de théâtre sévère, solitaire, craint, qui collabora à diverses revues, dont le *Mercure de France* et la *NRF*, tout en se révélant un lecteur de poésie attentif et curieux. Ce misanthrope achevé, qui habitait un pavillon de banlieue avec une ménagerie de chats et de chiens, semblait insensible à la flatterie, aux honneurs et aux intrigues que, lucidement, il ne manquait pas d'observer autour de lui. Son volumineux *Journal littéraire* (commencé à l'âge de 20 ans, soit en 1892, et tenu jusqu'à sa mort, en 1956) est la radioscopie d'un milieu, d'une société et d'une époque qui vont d'une guerre à l'autre, d'une ambition à l'autre, d'une désillusion à l'autre, sans en tirer les leçons. Se tenant à l'écart des hommes, les observant sans être dupe, Paul Léautaud campe en compagnie de quelques écrivains d'élection (comme son cher Stendhal), tout en noircissant du papier. Le récit de sa longue et orageuse liaison avec Marie Dormoy, celle qu'il appelait le Fléau, est en soi un morceau de littérature. Amour-haine, solitude altière, tendresse-mirage: allez donc démêler tous ces sentiments, qui plus est un soir de réveillon.

Journal littéraire

*L*UNDI *24 DÉCEMBRE*. – J'ai ramené aujourd'hui les meubles et les livres que j'avais remisés chez ma chère amie. Je l'ai quittée à 1 heure, pour rejoindre chez moi les déménageurs. À quatre heures et demie, alors que j'étais en plein travail de réinstallation, elle est arrivée, et jusqu'à 6 heure et demie, n'a pas arrêté dans ses propos favoris : ma laideur, ma vieillerie, qu'il y a quinze ans qu'elle me trouve laid, mon ridicule, mes prétentions à l'égard des femmes, ma vanité littéraire, mon imbécillité, mon avarice, tout ce que tels et tels disent de moi sur tous ces points, etc., etc. Elle était lancée comme dans ses meilleurs jours.

Indifférence complète de ma part. J'attendais qu'elle ait fichu le camp pour avoir la paix. J'ai reçu ce matin dans ma nouvelle épreuve de *Passe-Temps* le cahier contenant le morceau en remplacement du morceau *L... disait*. Je me demandais l'opinion que j'en aurais en le voyant imprimé. Mon impression est excellente. Ce morceau n'est pas mal du tout. Bien meilleur que le morceau *L... disait*. Voilà qui compte autrement pour moi que les crises de délire de ma chère amie.

C'est certainement la première fois, dans notre liaison, que nous ne faisons pas réveillon ensemble. Elle a eu du reste le soin de me dire que le réveillon avec moi ne lui faisait aucune envie, en m'étalant les détails du réveillon qu'elle va faire avec des « amis ». Comme elle recommencera, à ce qu'elle m'a dit, cette petite fête pour le premier de l'an, nous n'aurons pas non plus de premier de l'an ensemble.

Propos de ce genre, tout près de moi, exprès: «Mon Dieu! que vous êtes laid. Laid n'est même pas assez. Vous êtes hideux. Tout le monde le remarque. "Avez-vous vu, comme il devient de plus en plus laid?" Vous ne faites guère envie, mon cher.» N'est-ce pas charmant? Et avant hier, je crois, ou vendredi, elle me... avec grand entrain.

Et des inventions! J'ai écrit moi-même que j'ai de l'esprit. Je lui ai dit: «Dites-moi donc où? Je serais enchanté de voir cela.»

Je crois bien même qu'elle a encore essayé de me bles- ser en me disant: «Vraiment, vous n'êtes pas séduisant, et comme vous n'êtes pas "régulier" par-dessus le mar- ché...» Allusion à ma conformation *à l'envers* comme elle dit.

Je me suis amusé à me ficher d'elle, quand elle étalait le réveillon qu'elle va faire ce soir: «Votre réveillon ne sera pas complet. Vous n'aurez pas votre réveillon habi- tuel.» Elle me regardait cherchant ce que je voulais dire. Je renouvelai: «Votre réveillon ne sera pas complet. Vous n'aurez rien dans le...» Ce que je me suis entendu traiter alors de grossier individu, montrant bien le milieu dont je sors, dans lequel j'ai été élevé, etc., etc. Les répliques spirituelles ne sont pas son genre.

Il est onze heures dix. Elle est à réveillonner chez ses amis (si elle a dit vrai). Je suis chez moi bien tranquille. Que tout cela est donc parfait.

Elle, sans cesse agressive, soupçonneuse, sans cesse m'accusant de ne penser qu'aux femmes, – moi parfai- tement tranquille, occupé uniquement de mon travail, pas curieux pour deux sous de ce qu'elle peut dire, penser ou faire – voilà je crois qui peint bien notre position à chacun.

Je vois bien le point qui lui est sensible : la sérénité à laquelle je suis arrivé devant toutes ses « sorties ». Quelle sérénité, en effet !

Comme réveillon, je vais me coucher mourant de faim.

Paul Léautaud, *Journal littéraire*, vol. VII, juin 1928-juillet 1929, Paris, Mercure de France, 1959 [1928], p. 136-138.

39

La splendeur du Portugal

(1997)

António Lobo Antunes

La période de Noël, tous les gens un peu fragiles vous le diront, exacerbe les sentiments, fait parfois éclater au grand jour des haines recuites, en plonge plus d'un dans la déprime. Noël noir n'est pas la règle. S'il est vrai que la fête donne souvent lieu à de vraies et belles réjouissances en famille, il est permis de penser que ceux qui sont tristes ou amers à Noël le sont absolument. Comme si l'injonction au bonheur qui, elle, est bien la règle de notre temps, apparaissait alors dans toute son insupportable fausseté. À Noël, les masques tombent, alors même que les apparences réclament d'être sauves. La tension est propice à la littérature. António Lobo Antunes vit à Lisbonne, où il exerce la médecine et publie en portugais une œuvre romanesque qui fait de lui l'un des écrivains européens contemporains parmi les plus importants.

Sous son titre d'une terrible ironie, *La splendeur du Portugal* fait de Noël le catalyseur d'une déchéance qui atteint tout à la fois un homme, une famille et l'empire colonial que fut le Portugal. Cette année-là, en 1995, le narrateur décide d'inviter pour Noël son frère et sa sœur qu'il n'a pas vus depuis quinze ans. Au début du roman, il fait part de sa décision à sa femme, mettant ainsi en branle la mémoire aigrie d'une enfance africaine de petit Blanc, avec ses lâchetés et son horizon médiocre. La date du 24 décembre rythme donc en partie ce roman où le délire et le désespoir d'un homme sont diffractés dans les rites et le décor de Noël – par exemple dans cette boule de verre où, quand on la secoue, la neige tombe sur des rêves de pacotille.

La splendeur du Portugal

24 DÉCEMBRE 1995
Sur le secrétaire du bureau, il y avait comme presse-papiers une boule de verre avec des rennes tirant un traîneau et assis dans le traîneau un gros monsieur à barbe, en manteau de laine et capuche rouges. On retournait la boule, on la remettait à l'endroit, un petit tourbillon de neige enveloppait le traîneau et le monsieur à barbe, déposait une poussière de glace sur sa capuche, sur les rennes, sur le minuscule petit sapin dans le fond, ma mère reposant le presse-papiers sur le secrétaire entre une photographie de nous à Durban et une autruche en palissandre aux yeux de pierres transparentes, expliquait

– C'est le Père Noël

et moi je ne comprenais pas comment cette créature en plastique s'y prenait pour sortir de sa cage de verre remplie d'eau avec une bulle d'air au-dessus, afin de nous offrir les cadeaux qui apparaissaient le matin dans la salle à manger avec nos noms sur des étiquettes collées aux paquets, et je comprenais encore moins que le Père Noël puisse les acheter dans les magasins de Luanda

(son ongle n'arrivait pas à gratter tout à fait le prix ni l'étiquette de la boutique)

parce que j'imaginais mal une paire de rennes et un traîneau glissant sous les palmiers de l'avenue côtière dans un poudroiement de neige par trente-huit degrés à l'ombre alors que les maisons se ramollissaient sous la chaleur, que les gens suaient sur les esplanades et que sur la plage la mer bouillonnait en bulles de graisse comme de la soupe sur le feu. Ma mère nous soutenait que le Père Noël descendait par la cheminée avec un sac plein de trompettes, de crayons de couleur et de pistolets à pétards, révélation étrange vu que la cheminée commençait sur le toit et finissait dans le fourneau ce qui exposait le Père Noël au risque d'aller tenir compagnie au canard et au riz dans le four, d'autre part je concevais mal comment un gaillard aussi pansu pouvait tenir dans un tuyau aussi étroit et sale : durant mon enfance, pour autant que je me souvienne, seul un canari égaré a surgi un matin de ce tuyau, il s'est envolé en piaillant de désespoir dans la cuisine en proie à une angoisse fuligineuse pour s'échapper finalement en direction du potager, imprimant des traînées d'ombre sur le linge en train de sécher, jusqu'à ce qu'on le retrouve le jour suivant dans le massif des azalées, étendu mort sur le dos, le bec béant et maigre comme les malades des poumons. Ma mère nous garantissait que le Père Noël, plein de ruses et d'expérience,

(il m'était difficile d'associer la bonté et la ruse dans une même personne, caractéristiques incompatibles selon moi)

détenait des secrets et des trucs qui lui permettaient de se jouer des cheminées étroites et des fourneaux pervers, des fourneaux avides de rôtir avec des pommes de terre dorées tous ceux qui leur tomberaient dans la bedaine, des trucs que ma mère, à en juger par son sourire de connaisseuse, partageait sans doute mais refusait d'expliquer, et comme nous étions en novembre

(les coups de tonnerre roulaient sur Baixa do Cassanje en une cascade de pianos dégringolant des escaliers invisibles, cassant leurs cordes qui en claquant scintillaient et incendiaient les acacias) nous avons passé le reste de l'après-midi à contempler le presse-papiers dans l'espoir que le Père Noël décide de s'entraîner un peu, de quitter sa boule en traîneau, avec les paquets et les rennes et la neige, de grimper jusqu'au toit pour introduire une guêtre agile puis ensuite la barbe et tout son corps potelé dans le trou par où sortait la fumée. Nous avons retourné plusieurs fois la boule à l'envers histoire de stimuler son amour-propre d'un va-et-vient de paillettes blanches, mais la créature s'obstinait à rester sur place, un gant tenant les rênes, le regard tourné vers le petit sapin avec une attention absurde. Nous avons pensé à casser le verre avec le marteau de la boîte à outils histoire de lui faciliter la tâche

(il est des moments de paresse et de mollesse où traverser du verre ne va pas sans peine)

Rui, chargé de rapporter le manteau, a préféré ramener la clef anglaise servant à serrer les robinets qui gouttaient, le presse-papiers était par terre et la clef anglaise en l'air quand mon père a ouvert la porte, et l'instant d'après la boule se trouvait de nouveau sur le secrétaire, avec sa neige moqueuse, en train de voltiger dans l'eau et nous punis dans la chambre à fixer par la fenêtre le ciel pluvieux, la nuit tombée à quatre heures et les tournesols courbés par le vent, paniqués devant l'affreuse menace de ne recevoir ni des crayons de couleur ni des pistolets à pétards pour Noël. J'ai toujours la boule avec moi ici dans l'Ajuda, sur l'étagère du salon pour que mon frère et ma sœur la voient, je viens d'accrocher l'étoile pailletée sur la cime de l'arbre, j'ai posé les cadeaux contre le pot, un joli flacon de parfum horriblement cher pour Clarisse qui n'est pas folle et repère la pacotille à une lieue, une cravate en solde, pleine de couleurs comme il les aime pour Rui qui est fou et comme il ne comprend rien du tout ça lui est égal et à moi ça me fait des économies. [...]

Antònio Lobo Antunes, *La splendeur du Portugal*, traduit du portugais par Carlos Batista, Paris, Christian Bourgois éditeur, 1998 [1997 pour l'édition originale portugaise], p. 45-48.

40

Ô longue paix!

(1972)

Mavis Gallant

La Canadienne Mavis Gallant ne serait pas le grand écrivain qu'elle est si elle ne soignait pas chaque détail de ses nouvelles. Ce qui fait d'elle un maître du genre, c'est ce souci du détail combiné à la maîtrise de la construction. Il en résulte plus qu'un décor, des situations ou des personnages : un monde, des gouffres et des êtres vrais. Dans les années 1950 et dans les décennies qui ont suivi, installée à Paris, elle s'est un temps intéressée à l'Allemagne de l'après-guerre, désireuse de comprendre comment le pays se remettait de la peste brune qui l'avait avili. L'Allemagne de l'après-guerre est précisément le cadre de la bouleversante nouvelle que voici. Les non-dits, les douleurs rentrées, la honte se mêlent à des chagrins résolument privés, en l'occurrence celui qu'éprouve une femme dans la soixantaine quittée par son mari. Des années plus tard, le cercle de la famille semble s'être refermé sur la blessure de l'épouse. En réalité, ils sont quatre à vivre les uns sur les autres dans un pauvre décor : la mère, qui a peu à peu sombré dans la folie, son frère Théo, sa belle-sœur Charlotte et sa fille, Hilde, quasi vieille fille. La douleur imprègne chaque geste de cette vie étriquée, que la perspective de fêter Noël n'égaie en rien. Derrière son guichet, à l'Office municipal du tourisme, Hilde, à l'avance accablée par la soirée qui l'attend à la maison, se souvient d'autres Noëls semblables, tout en répondant à un visiteur.

Ô longue paix !

*J*E NE PEUX PAS m'occuper de vous plus longtemps. Nous sommes la veille de Noël.

– Je ne suis pas à l'hôtel. C'est-à-dire que je séjourne chez des amis.

Oui, et j'avais vu « les amis ». Vêtue d'un manteau de fourrure rousseâtre, elle attendait dehors, prenant des airs désinvoltes. La neige se posait sur ses cheveux.

– Empruntez à vos amis.

– Vous pourriez m'éviter cette gêne, a-t-il insisté, à nouveau ami-ami.

– Ce n'est pas mon travail de vous éviter de la gêne, ai-je répliqué en regardant son alliance.

Même après avoir gagné le pas de la porte que le gardien s'apprêtait à refermer derrière lui, il persista à se retourner vers moi. J'accordai ostensiblement toute mon attention à l'oncle Théo, qui frottait ses pieds par terre devant moi, tout abattu, en transférant son fardeau d'un bras sur l'autre.

– Ce n'est pas gentil, Hilde, a-t-il commencé. Ce pauvre homme, il va passer un triste Noël.

– Vite, oncle Théo. Que veux-tu ?

– Ce soir, quand nous serons à table, avec les bougies allumées sur l'arbre de Noël...

– Oui ?

– Tâche de ne pas pleurer. Laisse les filles s'amuser. Ne pense pas à des choses tristes.

« Les filles », ce sont ma mère et tante Charlotte.

– À quoi d'autre penser?

J'aurais pu empiler entre nous sur le comptoir tous nos mauvais Noël. La Noël de mes treize ans, où nous avions été bombardés, sans pouvoir rien sauver d'autre qu'un couteau et une fourchette ayant appartenu à ma mère depuis son enfance. Elle s'en sert encore; son diminutif, «Traudi», est gravé sur les manches. Elle souffre de trouver n'importe quel couvert à côté de son assiette. Cela lui donne l'impression que personne n'a de considération pour elle, comme si elle était dévaluée sous son propre toit. Je me rappelle, un autre soir de Noël, mon père qui buvait du vin avec l'oncle Théo; le vin le mettait au ralenti, nous étions obligés de finir ses phrases pour lui. Il paraît que le jour où il nous a abandonnés, il a simplement fourré une pomme dans sa poche. Après coup, tante Charlotte lui a emballé une partie de ses affaires et les lui a déposées aux soins d'un garçon de café qu'il connaissait. La Noël suivante, l'oncle Théo, seul homme à la maison désormais, but tout seul et se mit à gambader comme une petite chèvre autour du sapin. Je regardai la table, splendidement dressée, avec une nappe amidonnée, et vis quatre grands couteaux et fourchettes, comme pour quatre très grandes personnes. Tante Charlotte avait oublié le couvert de maman.

– Oh, mon petit couteau et ma petite fourchette à moi, je ne les vois pas! s'écria ma mère qui entrait à cet instant, en dentelles bleues jusqu'à la cheville.

– Oh, mon petit cul à moi! dit l'oncle Théo en singeant la voix de ma mère, sans cesser ses cabrioles.

Il en fut le premier étonné. Il promena son regard autour de lui pour voir qui avait pu proférer une chose pareille. Ma mère alla s'enfermer dans sa chambre. Tante Charlotte frappa à sa porte.

– Nous voudrions au moins que tu manges un peu de compote, chère Traudi.

– Alors, il faudra me l'apporter ici.

Mais, après cette déclaration, ma mère refusa d'ouvrir. Sachant qu'elle réapparaîtrait à temps pour regarder *Casse-Noisette*, nous sortîmes de la maison sous prétexte d'entreprendre avec un jour d'avance la tournée des visites de Noël. Nous restâmes longtemps assis dans la gare, comme si nous attendions quelqu'un. À notre retour, nous découvrîmes qu'elle avait mis la chaîne de sûreté à la porte d'entrée de l'appartement, de sorte que toutes les clés du monde n'auraient pu nous permettre de rentrer. Nous étions donc plantés là tous les trois, chapeau sur la tête, espérant que les voisins ne viendraient pas voir qui sonnait avec tant d'insistance. Pour finir, en effet, quelqu'un se montra, un petit garçon barbouillé. Derrière lui, nous apercevions à table une nombreuse compagnie, qui nous regardait et s'esclaffait, la bouche grossièrement grande ouverte. Courtoisement, nous dîmes que notre parente devait s'être endormie et qu'étant un peu sourde, elle n'entendait pas la sonnette.

– On se doutait bien qu'il y avait quelqu'un de sourd chez vous, lança l'un des convives.

– En Inde, ils ne fêtent pas Noël, dit l'oncle Théo, s'intégrant à eux. Ça ne signifie rien, là-bas.

Je me félicitais de voir que ma tante et moi nous étions convenables.

– Ma belle-sœur a subi un jour un gros choc, reprit l'oncle en acceptant un verre. Noël est chargé de tristesse.

Une bouffée de nostalgie balaya la table. Oui, c'est triste, Noël. Chacun aurait ses raisons de se jeter par la fenêtre à Noël et au printemps. Pendant ce temps, je composais notre numéro de téléphone ; j'entendis la sonnerie à travers la cloison. Le papier peint des voisins est couvert de marques de doigts, comme celui de ma belle-sœur.

– Et si on appelait la police ? suggéra quelqu'un.

Visiblement, ma tante aurait voulu enfouir sa tête dans un tablier et éclater en sanglots, ainsi qu'elle s'était contentée de le faire lors de la désertion de son frère.

– Alors, mon oncle ? demandai-je.

Tous les regards convergèrent sur l'homme qui était allé en Inde. Avant qu'il ait pu se décider, le petit garçon qui nous avait ouvert intervint :

– Je peux passer par le balcon.

Voyez-vous avec quelle facilité ces gens peuvent nous espionner ? Ils n'avaient pas dû s'en priver. L'enfant n'avait qu'à enjamber la séparation entre nos balcons respectifs, ce qu'il fit en renversant au passage les pots de fleurs recouverts de feuilles de plastique pour l'hiver. Ma tante m'adressa un petit signe, comme pour me dire que cela n'était pas grave. Les mains arrondies en œillères contre la fenêtre, il scruta la pièce à travers les doubles-vitrages. Puis il tambourina des deux poings, haletant, les joues aussi rouges que s'il avait été giflé.

– La dame est simplement assise par terre à regarder la télé, annonça-t-il enfin.

– Sourde comme un pot, réaffirma l'oncle Théo.

– Elle est morte, gémit ma tante. Ma belle-sœur a eu une attaque.

– Casse les vitres, criai-je au petit. Sers-toi d'un pot de fleurs. Prends garde de ne pas te couper, ajoutai-je, craignant les taches de sang sur le parquet.

Elle n'était pas morte, bien entendu, elle boudait et attendait *Casse-Noisette*. Elle prétendit qu'elle s'était évanouie. Nous l'installâmes dans un fauteuil. C'était difficile, après cette histoire, de chasser les voisins, et encore plus difficile de rétablir les rapports antérieurs ; ils nous arrêtaient dans l'escalier pour nous demander des nouvelles de «la pauvre dame malade». Il fallut un an pour revenir au simple «Bonjour», puis se borner à une petite inclinaison de tête. Car même si nous mettons les bougies à la fenêtre la veille de Noël pour commémorer la division de l'Allemagne, c'est une autre affaire lorsque des masses de réfugiés viennent s'installer à côté de chez vous, à six par chambre, et complètement incultes. On serait content de réunir tout le monde à nouveau sous le même drapeau, mais les Saxons en Saxe, et chacun chez soi, par pitié.

Avec tous ces souvenirs de Noël de ma vie passée, que pouvais-je dire, sinon «À quoi d'autre penser ?».

Mavis Gallant, «Ô longue paix!», dans *Voyageurs en souffrance*, traduit de l'anglais par Suzanne V. Mayoux, Paris, Rivages poche «Bibliothèque étrangère» [1996 pour la traduction française; 1972 pour l'édition originale anglaise], p. 116-120.

41

Retour à Brideshead
(1947)

Evelyn Waugh

Une grande et opulente demeure, Brideshead, qui apparaît dans la campagne anglaise comme le souvenir d'un rêve ancien, tel est le personnage principal du maître-livre d'Evelyn Waugh : *Retour à Brideshead*. Un peu plus tôt dans le siècle, et dans une autre langue, Stefan Zweig avait lui aussi évoqué la fin d'une époque, c'est-à-dire d'un ensemble de codes et de valeurs qui sombre, a déjà sombré, alors que ceux qui en répètent les gestes croient pouvoir le perpétuer. C'était, oui, *Le monde d'hier*. Ce qui distingue notamment le roman de Waugh des souvenirs de Zweig, c'est la jeunesse du narrateur qui sombre elle aussi avec le reste.

Durant la Seconde Guerre mondiale, le capitaine Charles Ryder, 39 ans, désillusionné de l'armée, prend ses quartiers, avec son régiment, à Brideshead, abandonnée par ses propriétaires. Les souvenirs refluent. Il a bien connu cette maison et ses habitants, à l'époque où il était l'ami du jeune maître, Sebastian, condisciple à Oxford. Ils n'étaient pourtant pas du même monde. Impressionné, séduit, intimidé, le jeune Charles Ryder est introduit dans un milieu aristocratique qui ne sait pas qu'il agonise. À mille signes, le jeune homme le comprend peu à peu, faisant par la même occasion son apprentissage du métier d'homme. Confite en dévotions, inquiète d'un fils dont elle soupçonne qu'il finira mal, la châtelaine, Lady Marchmain, le flanque d'un gardien, l'ineffable Mr. Samgrass qui, depuis Oxford, limite les dégâts, modère les excès du fils, rassure la mère, s'incruste, aimable parasite, entre les deux garçons. À la fin du semestre, tout le monde, Charles y compris en tant qu'invité, se retrouve à Brideshead pour un Noël aux réjouissances glacées, conventionnelles, en clair, pour un Noël sinistre. Aussi sinistre, en somme, que les Noëls modernes qui accablent ceux qui en ont perdu l'esprit.

Retour à Brideshead

C E NE FUT PAS SEULEMENT devant le magistrat de Bow Street que M. Samgrass fut d'une aide inestimable. À Oxford il déploya un zèle et une astuce analogues à ceux qu'avait manifestés Rex Mottram à Londres. Il alla voir les autorités universitaires, le conseil de discipline, le vice-chancelier; il persuada Mgr Bell de rendre visite au doyen du collège de Christ Church, il arrangea une entrevue entre les Lady Marchmain et le chancelier en personne; à l'issue de quoi, Boy, Sebastian et moi, nous nous vîmes condamnés à ne pas sortir des grilles du collège pour le reste du trimestre; quant à Hardcastle, pour Dieu sait quel motif obscur, il se vit de nouveau privé de l'usage de sa voiture. Il n'y eut pas d'autres sanctions. La plus tenace et la plus longue punition qu'il nous fallut subir, ce fut notre intimité avec Rex Mottram et M. Samgrass; mais comme la vie de Rex se passait à Londres dans le monde de la politique et de la haute finance, et celle de M. Samgrass à proximité de la nôtre, à Oxford, ce fut ce dernier dont il fallut subir le plus la présence.

Il nous hanta jusqu'à la fin du trimestre. Consigné chacun dans notre collège, nous ne pouvions passer ensemble nos soirées et, à partir de neuf heures du soir, nous étions à l'entière merci de M. Samgrass. Il se passait rarement une soirée sans qu'il vînt voir l'un ou l'autre de nous. Il parlait de «notre petite escapade», comme si lui aussi avait passé la nuit au commissariat de police et se trouvait liée à nous de ce fait... Une nuit je fis le mur au collège et M. Samgrass me trouva dans la chambre de Sebastian après l'heure de la fermeture. De cet incident aussi il se targua comme d'un lien. Je ne fus donc nullement surpris, en arrivant à Brideshead, de l'y trouver. On eût dit qu'il m'attendait, assis tout seul devant le feu dans la pièce qu'on appelait « le hall aux tapisseries ».

– Vous me trouvez seul propriétaire, me dit-il, et le fait est qu'il avait l'air de posséder à lui seul le hall et les sombres scènes de vénerie dont les murs étaient tendus, de posséder à lui seul les cariatides qui flanquaient la cheminée, de me posséder même, tandis qu'il se levait pour me serrer la main et m'accueillir comme un hôte son invité : « Ce matin, poursuivit-il, nous avons tenu sur la pelouse une assemblée de la meute de Marchmain – entre nous, quel délicieux spectacle archaïque – et tous nos jeunes amis sont à la chasse au renard, même Sebastian qui, vous ne serez pas surpris de l'apprendre, était remarquablement élégant en veste rose. Brideshead était plus impressionnant qu'élégant ; il est co-maître d'équipage, avec un personnage local caricatural du nom de Sir Walter Strickland-Venables. Quel dommage qu'on ne puisse les faire figurer l'un et l'autre sur ces tapisseries plutôt ennuyeuses, ils y ajouteraient une note fantaisiste.

« Notre hôtesse est restée à la maison ; ainsi qu'un dominicain convalescent qui avait lu trop de Maritain et pas assez de Hegel ; Sir Adrian Porson bien entendu, et deux cousins magyars d'aspect plutôt rébarbatif – je les ai sondés en allemand et en français ; ils ne sont pas plus drôles dans l'une que dans l'autre de ces langues. Tout ce groupe est parti de son côté rendre visite en cortège à un voisin. Je viens de passer un après-midi très douillet au coin du feu, en compagnie de l'incomparable Charlus. Votre venue m'encourage à sonner pour qu'on serve le thé. Que vous dire encore, pour vous donner une idée de la fête et de la compagnie ? Hélas, il y aura déjà de nombreux départs demain. Lady Julia va célébrer ailleurs le Nouvel An, et entraîne le beau monde à sa suite. Toutes ces jolies créatures qui hantent la maison ne manqueront – notamment une certaine Célia, la sœur de votre vieux compagnon d'infortune, Boy Mulcaster, et qui est délicieusement différente de lui. Par la conversation elle tient de l'oiseau – elle a une de ces façons de picorer les sujets, qui est des plus engageantes – et par le costume et le style, de la monitrice d'école, ce qui lui donne un genre que je ne saurais qualifier que de coquin. Elle me manquera, car je suis de ceux qui restent. Dès demain je me lance éperdument dans le livre de notre hôtesse – une perle, ce livre, croyez-m'en, un vaste trésor de pierreries d'époque ; du plus pur et plus authentique 1914.

On nous servit le thé et peu après, Sebastian rentra ; il n'avait pas tardé à perdre le gros des chasseurs nous déclara-t-il, et était rentré cahin-caha. Les autres ne furent pas longs à le suivre, s'étant fait prendre en voiture à la fin de leur journée. Brideshead manquait ; il avait affaire au chenil, et Cordélia l'avait accompagné. Tout ce monde envahit le hall et fut bientôt fort occupé à manger des œufs brouillés et des gâteaux secs ; et M. Samgrass, qui avait déjeuné à la maison et fait un somme prolongé tout l'après-midi au coin du feu, dévora œufs brouillés et gâteaux secs comme tout le monde. Puis le groupe de Lady Marchmain rentra à son tour et quand, avant que nous montions nous changer pour dîner, elle demanda : « Qui vient à la chapelle pour le Rosaire ? » et que Sebastian et Julia eurent répondu qu'il leur fallait se précipiter dans leur bain, M. Samgrass s'offrit pour les accompagner, elle et le capucin.

– Si seulement M. Samgrass pouvait s'en aller, me dit Sebastian, du fond de son bain; j'ai la nausée de toute cette gratitude que je lui dois.

Au cours de la quinzaine qui suivit, ce devint un petit secret tacitement consenti, que personne n'aimait M. Samgrass, de toute la maisonnée. En sa présence le beau regard fatigué de Sir Adrian Porson avait l'air de s'envoler en quête d'horizons perdus, tandis que ses lèvres pincées exprimaient un très classique pessimisme. Seuls les cousins hongrois, se méprenant sur son titre de tuteur, le prenaient pour un domestique jouissant de privilèges exceptionnels et n'étaient nullement affectés par sa présence.

M. Samgrass, Sir Adrian Porson, les Hongrois, le capucin, Brideshead, Sebastian, Cordélia, voilà tout ce qu'il resta de la réunion de Noël.

Evelyn Waugh, *Retour à Brideshead*, traduit de l'anglais par George Belmont, Paris, 10/18, 1980 [Robert Laffont, 1969 pour la traduction française; 1947 pour l'édition originale anglaise], p. 154-156.

42

Bagages pour Vancouver
(1985)

Michel Déon

Le taxi mauve, *Le jeune homme vert*: ce ne sont là que quelques-uns des romans qui font de Michel Déon l'un des écrivains français contemporains parmi les plus fins mais aussi les plus injustement négligés. Michel Déon a longuement séjourné en Grèce et en Irlande, berceaux de civilisations avant d'être pays, et il a su en traduire l'âme dans plusieurs de ses livres. Dans ce second volume de souvenirs, avec un art fait de maîtrise et de retenue, capable de faire jaillir l'émotion en trois coups de brosse, Déon raconte le réveillon d'une Coco Chanel crépusculaire qui s'est prise de tendresse pour le jeune homme qu'il était alors. En ce soir de réveillon, le même goûtera à son tour les délices de la solitude, qui ne l'est plus vraiment lorsqu'elle est partagée avec un grand roman. Ce sont là, bien entendu, délices incompréhensibles à un non-lecteur. Mais quel est donc ce roman précieux au point de préférer sa compagnie, au retour de chez Chanel, à celle d'une jeune amie, le soir du réveillon? Patience. La réponse viendra au petit matin.

Bagages pour Vancouver

$\mathscr{E}$LLE NE TÉLÉPHONAIT jamais ou presque. On l'appelait du monde entier et une femme de chambre répondait avec une maladresse qui ne trompait pas : «Je vais voir si Mademoiselle est là. » Malgré la main sur le récepteur, on entendait vaguement un conciliabule, puis, de nouveau, la femme de chambre : «Mademoiselle vient de sortir. » Je le sais par d'autres, car, en vérité, cela ne m'arriva jamais. Si je téléphonais, presque aussitôt j'entendais sa voix : «Où êtes-vous ? » C'était toujours à Paris. Je n'aimais pas encore les appels à longue distance. Que ce fût elle qui ait composé mon numéro me parut un événement si fantastique que je crus à une plaisanterie ou à une catastrophe.

Je parle de Mademoiselle Chanel qui, après que j'eus un moment travaillé à essayer d'écrire ses mémoires, resta pour moi une amie. J'ai du chagrin rien qu'à écrire son nom, à évoquer son visage, à entendre sa voix cassée. Oui, ce soir-là, c'est elle qui appelait, et ce n'était pas n'importe quel soir : une veille de Noël, vers neuf heures, alors qu'ayant noué ma cravate noire, je m'apprêtai à sortir, à rejoindre des amis. Une amie devrais-je dire pour être plus exact, et qui porterait une robe prêtée, peut-être même donnée par Mademoiselle Chanel.

Il ne s'agissait ni d'une plaisanterie, ni d'une catastrophe : Mademoiselle Chanel était seule et m'attendait pour dîner au grill du Ritz. Oubliait-elle la robe prêtée plus pour moi que pour l'amie en question, ou se la rappelant voulait-elle s'amuser de moi? Aujourd'hui encore, j'aime à croire qu'elle avait oublié et que, dans un moment de panique, après avoir refusé mille invitations la veille de Noël, seule dans son appartement de la rue Cambon au-dessus de la boutique, après avoir libéré ses domestiques, elle se sentait si désemparée qu'elle ne pouvait absolument pas dîner à un guéridon mal éclairé d'une bougie, entourée de couples étrangers qui parleraient à voix basse avec un respect mal feutré.

Je la rejoignis rue Cambon où elle attendait en achevant une patience sur la table basse en Coromandel, encombrée de lions, son signe.

– Il ne fallait pas vous habiller, dit-elle. Personne ne s'habille plus. Seulement les Anglais... Et encore c'est la fin. Je ne donne pas dix ans pour qu'ils ne portent plus de smoking à dîner.

Je tus la fête qui m'attendait. Elle proposa une partie de gin-rummy et perdit quelques francs. Il était plus de dix heures quand nous traversâmes la rue pour gagner l'entrée du Ritz. Toutes les tables étaient occupées. Le maître d'hôtel désolé n'y pouvait rien.

– Je voudrais seulement une soupe et un quignon de pain, dit-elle.

Il parut abominablement choqué mais se refusa quand même à la servir dans le hall d'entrée.

– Alors qu'on me monte ça dans ma chambre! Et vous, Michel, que voulez-vous? Du caviar, du saumon, du champagne?

Elle connaissait mes faiblesses, mais j'ai opté pour la soupe (toujours l'idée de me garder pour mon dîner) et du champagne. Dans la chambre sur cour qu'elle habitait depuis vingt ans, on nous apporta une triste soupe, du pain et du dom Pérignon parce qu'il n'y avait pas de raison de se priver: c'était Noël. Elle m'expliqua que le réveillon ne pouvait être qu'une fête de famille, qu'il était scandaleux de voir des gens se gaver, boire et danser cette nuit-là. Dans son enfance, la nuit de Noël était sacrée. On restait à jeun jusqu'à la messe de minuit, puis on rentrait souper vers une heure. J'eus droit au récit détaillé d'un de ces réveillons familiaux, au souvenir d'une punition parce qu'elle avait taché sa robe de dentelles, à la fleur qu'elle portait dans ses cheveux et à la sévérité de ces fameuses tantes qu'elle s'était inventées parce qu'elle n'avait pas eu d'enfance, chose que je savais depuis longtemps mais que, par une convention tacite, nous feignions d'oublier l'un et l'autre. Ai-je besoin de préciser – ses biographes l'ont fait – qu'elle parlait avec une volubilité que rien n'arrêtait.

– C'est pour vaincre ma timidité, avouait-elle, que j'ai pris le parti de ne céder la parole à personne.

Je n'eus donc pas plus la parole que les autres fois et me contentai de l'écouter avec cette fascination qu'exerçait sur moi une vieille dame de quarante ans mon aînée, qui avait tout vu, savait tout et racontait n'importe quoi avec une vertigineuse logique. Elle avait été une des reines du monde, elle ne savait pas quoi faire de son argent et, en rouvrant sa maison de couture, elle avait redonné à la mode un ton Chanel qui ridiculisait les autres couturiers.

Mais ce soir de réveillon, elle était devant moi, goûtant à sa soupe et mordant un quignon de pain comme lorsqu'elle était une orpheline pauvre confiée aux bonnes sœurs... Je lui tenais compagnie, je l'aidais à oublier cette enfance qu'elle avait enfouie sous des tas de mythes. Livrée à elle-même, elle aurait peut-être pleuré. Un spectateur la sauvait. À la seconde bouteille de dom Pérignon (Mademoiselle Chanel ne m'aidait guère) j'étais résigné.

Il y avait quelque part dans Paris une jolie jeune femme qu'elle avait habillée pour me plaire, qui ne m'attendait sans doute plus et dansait avec d'autres pendant que j'écoutais le débit intarissable de cette dame chapeautée, maquillée, couverte de bijoux somptueux, serrée dans un petit tailleur de tweed blanc troué aux coudes. J'entendais sa voix par-dessus la table dressée dans la chambre anonyme du Ritz, et je ne savais plus si le dom Pérignon était la cause de ma somnolence.

– Réveillez-vous, dit-elle. Vous n'avez pas honte à votre âge! Et allez vous amuser au lieu de rester avec une vieille bête comme moi.

Il était minuit. Je me retrouvai dans la rue Cambon où il a toujours soufflé en Hiver un mauvais temps glacé qui serre les tempes dans un étau quand on a trop bu. La jolie robe ne m'attendait certainement plus. Je rentrai chez moi. [...]

Le soir de Noël où je la quittai et rentrai chez moi par la rue de Rivoli, le Pont-Royal et le boulevard Saint-Germain, je ne regrettais pas le réveillon manqué. J'aurais juste aimé un peu de neige, quelque chose qui fît croire que cette soirée passée à écouter le monologue d'une vieille dame pathétique ressemblait à un conte de Noël, mais il faisait simplement froid. Dans les rues perpendiculaires à la Seine le vent griffait les joues et quand j'arrivai devant Saint-Sulpice la désolation de la place m'agressa brusquement. On ne l'avait pas encore restaurée, grattée, replantée, et, à la lumière pauvre des réverbères, elle me parut, plus que chaque jour où je la traversais en diagonale, sans reliefs, grise, presque noire jusqu'à la minute où soudain le parvis de l'église s'éclaira. Les suisses ouvraient les portes et les accents triomphants de l'orgue déferlèrent sur la place. Bach annonçait la naissance du Christ à la nuit de Paris. Sur les marches, les fidèles se bousculaient. Surpris par le froid, ils se recoiffaient, relevaient le col des manteaux, enfonçaient jusqu'aux oreilles les bonnets de loutre, pressés de retrouver leur dîner réchauffé. L'émotion ne tenait pas seulement à la ferveur de ces croyants auxquels le prêtre venait de raconter une belle histoire mais aussi à l'idée qu'à la même minute les églises de France ouvraient leurs portes à la nuit après avoir imprimé le message divin dans les cœurs.

Même pratiquant peu, ou bien mal, ou pas du tout, je ressentis comme une bouffée de chaleur, le sentiment réconfortant d'appartenir à cette communauté chrétienne qui, dans le monde entier, fêtait la naissance de l'envoyé de Dieu. J'avais reçu l'empreinte dans mon enfance et rien ne l'effacerait. J'étais aussi l'un d'eux, fidèle infidèle, en marge parce qu'il me semblait que l'exercice de la foi restait incompatible avec l'assez joyeux amoralisme de ma vie et ma grande avidité de plaisirs. Je voyais autour de moi des chrétiens prier, se confesser, communier et retomber le lendemain dans l'erreur avec une ardeur telle qu'il devenait évident que, pour eux, le péché prenait son prix dans le remords qui le suivait, la confession qui l'absolvait. Cette dualité échappait, échappe encore à mon entendement, à l'idée naïve d'une adhésion à la Vérité révélée. Si la religion catholique est le moyen facile de se débarrasser, au prix d'un superficiel acte de contrition, du sentiment de culpabilité qui guette chaque homme dès qu'il agit, alors il faut en chercher une autre, plus rigoureuse, plus exigeante ou bien se tenir à distance d'une église qui accepte les compromis et n'exige plus des fidèles qu'ils harmonisent leur vie et leur credo. Ce sont peut-être là des pensées courtes, mais je ne prétends pas à l'originalité ni à la profondeur dans ce domaine, et garde au fond du cœur le sentiment naïf que le «conformons nos actes à nos paroles» est une sainte règle pour vivre en paix avec soi-même et avec les autres. Je ne suis pas certain non plus que la communauté chrétienne de l'après-guerre ressemble à celle à laquelle j'ai adhéré avec tant de ferveur dans mon enfance jusqu'au jour où je m'en suis brutalement détaché parce que mon père était mort, que je l'aimais et que sa disparition me frappait comme la plus cruelle des injustices. À la dernière messe à laquelle j'avais assisté, à Saint-Sulpice même, le prêtre avait commencé son sermon par un «Mesdames, Messieurs...», qui m'avait à ce point révolté que j'étais ostensiblement sorti par la travée principale, outré de cette formule anonyme si éloignée de la tendresse de: «Mes chers frères, mes chères sœurs...».

La foule se dispersait sur la place, tapant du pied pour se réchauffer. Les enfants couraient vers les voitures, claquaient les portières, criaient, s'interpellaient. Pour eux commençait la grande attente jusqu'au petit matin. Noël est aussi une fête païenne. L'orgue se tut, les portes de Saint-Sulpice se fermèrent et la place retrouva sa couleur nocturne trouée par la lanterne bleue du poste de police à l'angle de la rue Bonaparte et de la rue Mézières.

L'appartement que j'ai occupé plus de vingt ans rue Férou donnait sur la cour intérieure de l'ancien hôtel La Bourdonné. C'est peut-être l'endroit le plus silencieux de Paris, adossé à l'hôtel des Finances, ancien séminaire de Talleyrand qui en sauta plus d'une fois le mur pour courir la gueuse. Dans la cour, un robinier faux acacia vit là depuis un bon siècle si ce n'est deux. Coupé, taillé jusqu'à n'être plus qu'un moignon, il est reparti plusieurs fois sous mes yeux, poussant ses branches et ses feuilles jusqu'aux fenêtres de l'étage domestique et de l'étage noble, dévoré de curiosité, frappant aux vitres. Là, dans un bureau minuscule, bas de plafond, bourré de livres, de petits tableaux, et de soldats de plomb sous vitrine, j'ai beaucoup écrit et lu.

À un Noël solitaire, il fallait un roman qui me clouerait dans un fauteuil, envahirait la pièce où je me tenais, emplirait la nuit de ses rumeurs, de ses démesures, de ses odeurs, un roman à perdre haleine dans lequel des personnages m'inviteraient à boire, manger avec eux, rire, pleurer, m'angoisser, à cacher mon visage dans les longs cheveux dénoués de l'héroïne. Sur l'étagère attendait l'édition de 1951 du *Hussard sur le toit*. [...]

Michel Déon, *Bagages pour Vancouver*, Paris, La Table ronde, 1985, p. 9-13.

Table des matières